教育现代化维度下
中学校长领导力作用及影响研究

金文天　编著

北京出版集团
北京教育出版社

图书在版编目（CIP）数据

教育现代化维度下中学校长领导力作用及影响研究/
金文天编著. —— 北京：北京教育出版社，2024.5
ISBN 978-7-5704-5903-2

Ⅰ.①教… Ⅱ.①金… Ⅲ.①中学－校长－学校管理
－研究 Ⅳ.①G637.1

中国国家版本馆 CIP 数据核字（2023）第 175888 号

教育现代化维度下中学校长领导力作用及影响研究

金文天　编著

*

北京出版集团
北京教育出版社 出版
（北京北三环中路 6 号）
邮政编码：100120
网址：www.bph.com.cn
京版北教文化传媒股份有限公司总发行
全 国 各 地 书 店 经 销
北京九州迅驰传媒文化有限公司印刷

*

720 mm×1000 mm　16 开本　13 印张　122 千字
2024 年 5 月第 1 版　2024 年 5 月第 1 次印刷
ISBN 978-7-5704-5903-2
定价：78.00 元

目　录

第一章 导 论

第一节 问题提出

时至今日，随着教育的各种功能逐渐被政府、社会、家庭、个体所认识，教育也开始受到高度重视。想要实现良好的教育功能，很大程度上依赖于学校及其效能水平，因此社会各界对教育的重视集中表现为对学校的关注，其中一个突出表现就是对优质学校或者名校具有巨大的需求。无论是研究证据还是常识判断都告诉人们，校长及其领导力水平对一所学校的发展具有关键性的影响。但是，现在的校长领导力正在遭遇前所未有的挑战。

著名教育家陶行知先生表示："校长是一所学校的灵魂。如果评论一所学校，首先应该评论它的校长。"也有人说："好校长就是好学校。"由此可见，校长在学校的发展中起着重要作用。

中华民族作为具有悠久历史和文化的民族，在几千年的历史进程中，无论是民间还是统治阶级，都有尊师重教的文化传统，教育发展史与人类进化史一样悠久。这一切，如一缕春风，昭示着中国教育的春天已经到来。

一位好校长意味着一所好学校，这是很多人认可的观点。但对于"好校长"的标准，每个人有着不同的解读。有人认为一位好校长可以提高学校入学率，有人认为一位好校长可以提高学校就业率，有人认为一位好校长可以提高教职工福利，有人认为一位好校长可以创造良好的校园文化……综上所述，好校长具有六个标准：一是政治信念坚定，思想作风严肃，工作作风扎实，精神境界崇高，道德情操高尚；二是文化和职业素养高，能够学习办学规律，掌握专业知识；三是组织领导能力和管理能力强；四是具有高度的奉献精神和责任感、不懈的进取精神和创新精神、强烈的意志品质和积极的情感；五是经常与老师和学生互动；六是具有先进科学的办学思想和有效的办学实践。

美国州际学校领导者资格认证协会提出衡量学校领导的六条标准：

标准1：学校管理者是通过提出、表达、执行、实现整个学校团体共享和支持的学习愿景来促使所有学生成功的教育领导者。

标准2：学校管理者是通过倡导、培育和弘扬有助于学生学习和教职工专业发展的学校文化来促使所有学生成功的教育领导者。

标准3：学校管理者是通过对学校组织、运作、资源的有效管理，保证一种安全、有利的学习环境来促使所有学生成功的教育领导者。

标准4：学校管理者是通过与家庭和社区成员的合作，对社区的多样化利益和需要做出有效反应，调动社区资源来促使所有学生成功的教育领导者。

标准5：学校管理者是通过诚信、公正的行为并以符合伦理的方式来促使所有学生成功的教育领导者。

标准6：学校管理者是通过了解、反馈来影响政治、社会、经济、法律、文化这个大环境，从而促使所有学生成功的教育领导者。

这些标准的核心是促使所有学生取得成功。为了实现学生成功的目标，在每个标准中，校长应该具备相对明确与具体的知识、态度和表现。校长应该创造学校的共同愿景，发展积极的学校文化，有效利用学校资源，处理各种关系，领导学校发展，促使学生取得成功。

校长作为一校之长，是学校组织活动的领导者。无论校长是不是"好校长"，其素质、能力、言行、感受等都必然会对学校产生重大影响。校长是调动和协调各种教育因素、提高教育质量的关键人物。或许正是基于这一认识，管理部门在评估和选拔校长时尤其谨慎，经常举办各种培训班和研讨会，丰富校长的知识，提高校长的能力。然而，无论管理部门要求什么，主流媒体如何宣传，公众如何期待，理论和实践都可能存在差异。在校长领导学校时，他总是以自身内在的价值观和经验影响学校的教职工和学生。只有当学校教职工和学生认为这些很重要时，学校教职工和学生才能把它做好。

综上所述，校长领导力与教师工作积极性、学生学习整体发展以及学校管理效率正相关。因此，校长的领导力已被视为衡量学校教学质量与发展的重要指标。在调查报告中，博茨瓦纳的总统还指出："无论是在发达国家还是发展中国家，优秀的校长都是学校质量和效率的最重要因素之一。特别是在发展中国家，校长的作用尤为重要。第三世界国家教育改革常常失败的原因之一是学校管理者的作用在改革过程中被忽视。校长要具有高度领导才能来适应社会发展和时代进步。"

第二节　研究意义

一、理论意义

正如褚宏启教授在《中国教育管理评论》第一卷开头所说："中国教育规模居世界第一，但总体管理质量落后于其他国家。提高中学教育管理水平不仅是教育发展的需要，也是国家发展的需要。中国教育管理的知识状况需要改善，还包括实践进展的管理要求。"关于中国校长领导层的知识，各种猜测、说教意见和建议满天飞。这种情况不仅在实践领域不能令人满意，在理论领域也不能令人满意。尽管近年来这种情况正在逐步改善，然而，校长领导知识的数量仍有待增加，质量也有待提高。因此，笔者选择校长领导力作为教育管理领域的一个重要课题，并计划在现有研究的基础上，借鉴基本分析框架，采用问卷调查、深度访谈、案例分析等多种研究方法，走进学校，走近校长，倾听校长的心声，总结实践经验，发现客观问题，分析问题的危害和根源，探索问题的优化路径和对策，为"改善中国教育管理的知识状况"贡献一份微薄的力量。

二、实践意义

本研究拟采用领导和组织层面领导的概念，借鉴校长领导在组织层面的理解框架，运用多种研究方法，深入中学，获取第一手信息，从而掌握中国中学校长领导的基本现状和问题，并尝试提出改进和发展的建议，以便为实践中学的改进提供一些知识、观点和见解。本研究对于学术界和实践应用都具有重要的意义。本研究获得的相关研究材料和结论将为政策决策者改革和完善中学校长管理制度、制定中学校长职业标准提供一定的参考。就校长而言，由于本研究中的大多数想法、观点、材料和信息来自一线校长，因此经过全面提炼后的研究结果将更易被校长理解和接受，为校长结合学校实际，提高其领导工作能力和领导水平提供一定的知识基础。同时，本研究提出的关于校长专业角色、专业标准和专业发展的意见和观点，将为校长培训教育的发展提供一些补充材料。就研究人员本身而言，虽然他们也学习教育管理，但当他们真正想去学校帮助和指导校长改善教育和管理时，他们有时会感到力不从心。这些方面，我深有体会，并且总是思考问题产生的原因。也许在这项研究的过程中，我会通过走进学校、走进教室、走近校长来找到问题的症结所在和出路。

第三节　核心概念

一、相关概念界定

（一）校长

校长是教育发展到一定阶段的产物。尽管我国"远在古代社会，校长这一职业就已萌芽"，但具有现代意义上的校长是在家庭式、私塾式的学习被班级、学校形式的教学活动取代之后出现的。在学校中，除了教师、学生等教与学的主体，开始陆续出现了承担服务、统筹、管理、领导及教育等功能的学校行政人员，校长就是这所学校行政人员中的领导者。当然，各个学校都有校长，但本研究主要关注中学校长，而且主要关注普通中学校长，不涉及职业学校校长。目前我国的普通中学分为初级中学、高级中学和初、高中学共设的完全中学三种，因此，本研究主要涉及初级中学、高级中学、完全中学三类普通中学校长。

需要特别指出的是，"校长"与"厂长"尽管只有一字之别，但二者差异甚大，这种差异是由学校这种组织的特性所决定的。由于本研究的很多领导理论与企业联系紧密，如果无视学校与工厂的差别而照搬照用，则恐有违研究初衷。因此，有必要对学校组织的特性做些详细介绍。对此，国内学者吴志宏教授的观点很有代表性，他指出，从根本特性上讲，学校是一种有计划、有组织进行系统教育的机构，并且进一步阐述学校组织的三个基本性质。首先，学校不是生产经营性组织，它的基本作用不是创造利润或追求直接的经济效益，而是继承和发扬人类的文化遗产，这是人类赋予学校组织的最基本也是最崇高的历史使命。其次，学校从根本上说是一种服务性组织，它的服务对象就是学生，因此学校必须时刻重视学生的利益，杜绝一切有损于学生利益的行为。再次，学校的组织和管理主要通过规范化手段发展。学校将一定社会的规范、信念等传递给学生，并要求学生遵循和发扬。这些观点是相当精辟和深刻的。

(二) 领导力

领导力是一个相对较新的管理理论。美国的詹姆斯·库泽斯教授指出，领导力是领导者激励他人自愿在组织中取得杰出成就的能力。美国领导力专家约翰·麦克斯韦尔指出，领导力是影响他人并赢得追随者的能力，领导力就是影响力。中国科学院从事"科技领导力"的研究团队对领导力做出了明确的定义，即担任领导职务的人在特殊情况下获得领导和相关利益相关者的关注，并对他们产生影响，同时长期实现集体或组织目标的能力。

关于领导力的定义研究人员仍有不同意见，主要包括以下三种观点：第一，领导力被视为领导者自身的一种素质，而不是领导者和下属的合力；第二，领导力是领导者对被领导者施加影响的过程，也是领导者对被领导者的影响塑造和转变的过程；第三，领导力是一个人综合素质的反映，它不仅包括领导力，还包括个人素质、领导方法、领导理念等。领导力不单纯指一个人的能力，还包括与他人沟通和协作的能力，这是共同努力的表现。作者认为，领导力是带领团队前进的一种组织力量，这要求领导者具备一定的组织协调能力、决策能力、执行能力、团队领导力、较高的个人素质等。

因此，我们可以得出结论，领导力是领导者在特定情况下通过各种权力或非权力因素吸引和影响其追随者或利益相关者持续实现共同组织愿景和目标所具有的能力。领导力是领导者和追随者互动下的思维和行为能力，也可以称为两者的合力。领导力的核心点是"影响力"，也可以理解为一种"向心力"或"凝聚力"。它是一种涉及复杂多样的知识领域的能力，可以不受约束地改变和影响他人的心理和行为，是使人们自愿采取积极行动的能力。

（三）校长领导力

对于校长领导力的内涵人们有不同的看法。中国科学院"科技领导力研究"课题组认为，领导力是领导者的一个子系统，是从领导者角度诊断领导力的理论体系。领导者的重点是领导者和被领导者是为实现集团或组织目标在特定背景下的互动过程的人员，而领导力的重点则是领导者吸引和影响被领导者实现集团或组织目标的能力。领导力=（理想的使命感+果断和正确的决策+共同的奖励+高效的沟通+影响他人的能力）×积极的态度。中国科学院"科技领导力研究"课题组认为，领导者必须具备五种领导能力：前瞻性、感召力、影响力、果断性和控制力。

李玉芳认为，校长的领导力是在领导学校员工制定学校发展目标并带领他们与学校利益相关者一起实现预定目标的过程中体现出来的。美国现代著名学者和教育管理者托马斯·J·瑟吉奥万尼指出，校长的领导力可以分为五个层次：教育领导、人际领导、文化领导、技术领导和象征领导。这项研究借鉴了郑燕祥教授提出的总统领导力。五维度模型指的是教育、人际关系、文化、结构和政治。通过与托马斯·J·瑟吉奥万尼所提出的校长领导力的五个层次进行比较分析，我们能发现前三个方面是相当一致的。教育领导作用体现在教学活动的实施上，校长鼓励专业发展和教学改进、诊断教育中出现的问题，并在思想、知识和技能方面为教师的教育和教学提供具体的专业指导。人际领导是指校长通过积极的人际关系，支持其追随者，鼓励和帮助他们合作与参与，提高他们的责任感和满意度，鼓励他们适当地控制人际资源的能力。文化领导意味着校长通过仪式、活动和思想动员，建立影响个人或团队价值观和规范的学校文化，并不断定义、传播和加强学校的终极价值观。技术领导是指校长经过深思熟虑后，确定学校发展的明确目标，为成员提供技术支持，并为实现目标而实施计划和政策。象征领导通过愿景确立了学校的价值取向，从而引导学校进行长期战略发展。结构领导结合了象征领导和技术领导。政治领导是指校长通过多种方式和手段进行平衡和协调，尽可能寻求双赢和合作的解决方案，妥善处理学校管理过程中许多不可避免的矛盾、问题和利益冲突。

　　基于学者们对校长领导力内涵的理解，本研究认为，校长领导力可以概括为一种全面的办学能力，一种权力、能力和影响力的统一，以及多种因素相互作用下的多种能力的集合。它关注所有教师、学生、员工和学校的利益，并通过与各种教育相关人员的互动，促进学校发展目标的持续实现。校长领导力的有效性主要体现在校长的办学理念、思维方式和行为方式能够客观、正确地反映其对教育的理解和对教育和学校发展规律的扎实把握上，从而更好地发展、整合和利用校内外各种资源，引导和鼓励学校教职工共同努力，使学校积极健康地发展。

二、校长领导力的构成

（一）决策领导力

校长的决策领导力体现了领导者的综合素质，是对其学校形势分析能力、判断和决策能力的考验。作者认为，决策是一个选择的过程，一个比较和分析两个或多个机会或事物，衡量利弊，最后做出决策的过程。

一般来说，校长的决策主要包括学校长期规划战略决策、口头管理决策和危机决策。学校长期规划战略决策主要是制订学校长期规划、学校定位、学校文化建设等方向性问题；口头管理决策主要是指建立学校内部组织结构、人员安排、对教职工的奖惩等，以确保学校工作的顺利高效开展；危机决策是指当学校遇到紧急情况时，校长作为学校的领导者，应在尽可能短的时间内采取应对措施，以保护学生和教师的生命和财产安全。作为校长，必须同时具备以上三种能力，才能充分发挥自己的职能。

（二）执行领导力

所谓执行，就是按照规定的原则和方法付诸实践。然而，执行并不是一种策略，而是一套系统的过程，帮助我们解决"我们想去哪里，如何去那里"的问题。因此，执行是如何完成任务的过程。作者认为，执行能力是将形成的决策付诸实践的能力。但是决策的实施并不简单，其基于决策的良好规划以及基于规划的组织、跟进和协调。学校的发展不仅取决于校长长期规划等决策能力，还取决于决策的执行程度。因此，校长的执行能力直接关系到学校的发展。

（三）团队领导力

目前，教育领域的竞争日益激烈。学校之间的竞争不再局限于某一个方面，而取决于学校的整体实力和学校整个团队的竞争力。学校的综合实力主要包括教师素质、学校硬件设施、校长能力等。学校只有在一名领导能力强的校长领导下，充分发挥团队合作能力，才能更好地提高竞争力。

学校成员根据不同的职责可分为不同的团队：领导团队、管理团队以及执行团队。这些团队由校长领导，制订学校的长期工作计划和近期工作计划。当然，良好的决策需要高效率的执行力，因此，学校也需要一支强大的管理团队。除了领导团队和管理团队，学校还拥有一个以教职工为主体的执行团队，他们是学校发展的主体，也是提升学校竞争力的核心力量。推动学校教师团队建设是一项重要任务。因此，学校教师团队建设不仅是打造一支团队，更重要的是整合三支团队，合理利用每支团队及其成员，充分发挥各自的优势，使其成为一支强队。

（四）沟通领导力

从根本意义上来讲，领导力是一种与人交流的能力。作为一种可以影响人们活动的能力，领导力通过改变他人的态度和行为，来满足共同的群体目标和要求。如果校长充分发挥沟通的作用，就可以使学校的师生及时了解学校的信息，同时也可以增进校长和师生之间的了解，加强他们的情感交流，让校长更好地了解学校师生的情况，及时发现他们在学习和工作中存在的问题，帮助他们尽快解决，并及时听取他们对学校的意见和建议，确保科学决策。通过沟通，家长和社会可以更多地了解学校，从而提高学校的影响力，使学校获得各方面的支持。

在学校变革趋势背景的影响下，校长的职责也呈多元化发展。校长不仅要处理好学校内部的日常事务，还要与学校外部的环境建立密切联系。校长能否与学生家庭、社会等学校外部环境进行良好沟通已成为衡量校长领导力水平的重要指标。所谓中学校长的外部环境领导力，是指在学校这个特殊的组织中，校长为了更好地优化外部环境，对师生产生影响的实际作用力。学校的外部环境主要是指学校所在社区、学生家庭等。学生健康成长不仅和学校的教育有关，而且深深地受到家庭教育和社会教育的影响。因此主动与社区专业教育人员沟通互动、了解学生家庭的基本情况对教育目标的实现具有重要的意义。在与外部环境建立联系的过程中，校长要充分发挥带头作用，掌握学校公共关系及家校合作的有关理论与方法，与外部环境建立良好合作关系，熟练掌握各级各类社会公共服务机构的教育功能，同时充分发挥家长委员会的作用，听取他们对学校发展的合理建议等。

校长的沟通能力主要体现在校长在学校常规工作中召开的会议、校长的发言和与师生的交谈，以及校长与社会各界、上下级职能部门和学生家长的沟通等方面。

（五）育人文化领导力

素质教育是我国教育改革和发展的长远方针，它有利于提高全体学生的基本素质，促进受教育者的全面发展。素质教育强调把德育工作放在首要位置，而校园文化建设是德育工作的重要组成部分。学校文化对学生具有潜移默化的影响，文化的育人功能不容忽视，发挥文化的教育功能成为校长办学治校的重要方面。在营造良好的育人文化环境方面，校长应带领全校师生精心打造校园文化环境。笔者认为，所谓中学校长的育人文化领导力是指在学校这个特殊的组织结构中，校长为了营造良好的校园育人文化环境，对师生产生影响的实际作用力。校长身为学校的文化领导者，首先应加强自身知识结构建设，学习先进的校园文化建设理论，努力挖掘学校自身的文化潜能，精心打造学校的文化氛围，促进良好的育人环境的形成。在日常生活中，校长应注重凝聚学校文化建设的力量，带领师生美化校园环境，精心营造人文氛围，真正发挥校长在育人文化建设中的带头作用。

第二章　文献评述

第一节　概　述

　　"领导力"是当前非常火热的一个讨论话题或主题，涉及私人部门，也涉及公共部门，更是频频出现在国内外各种著作、译作、报纸、杂志、论坛、会议之中。本章主要综述领导力理论研究以及国内外校长领导力研究进展情况，并探求文献成果与本研究的关系。必须注意到的是，本文所采用的"领导力"说法与过去常说的"领导"概念在本质上是一致的，只是"领导力"的说法在中国背景下更能够表达"领导"的本意而使用之。因此，本章有关领导力理论研究进展综述，即领导理论研究进展综述。

第二节　领导力理论研究进展综述

　　"领导力"作为一个著名研究主题，先后得出众多概念，形成了大量著名的研究文献。对于这些文献，大多数学者都是从时间维度对各个历史时期有代表性的理论学派进行介绍或评述，但也有些学者尝试着寻求各个理论学派及其研究重心之间的因果关系，从而构建领导力理论研究的基本框架，然后再对各学派的主要理论见解进行评述。为更好地把握领导力理论研究进展，本节先借鉴已有研究成果形成一个有关领导力理论研究的基本框架，之后以图表的形式呈现和比较不同时期不同理论流派的研究情况。

当前具有代表性的领导力理论大约有十八种，这只是各个时期的代表性理论，事实上相关的理论更丰富。比如权力和影响理论，该派理论主要关注领导权力，认为领导力是一种权力关系，具体研究的是权力的不同来源及其影响策略；又比如经理角色学派，虽然很难说它完全是一种领导力理论，但它确实揭示了组织中领导者的一些工作行为或角色扮演。前者将领导工作特点描述为"工作量大、节奏紧张，活动短暂、多样而琐碎，把现实的活动放在优先地位，爱用口头交谈方式"等，后者根据不同的角色扮演把经理分为八类——"联系人、政治经理、企业家、内当家、实时经理、协调经理、专家经理、新经理"。值得注意的是，各个时期的领导力理论难以完全取代过去的理论，而且过去的很多理论在新时期同样可能取得新的进展。此外，还出现了一些新的领导力理论研究视角，如领导与性别、领导与道德、领导与文化等。

一、构成要素

领导力理论构成要素有一个变迁的过程：从最初的特质论到后期的行为论，领导力理论构成都是单要素（领导者的特质或行为）；之后在权变论时期开始增加为双要素，其中典型的权变理论多会涉及"领导行为"和"情境"两个要素，尽管也涉及"追随者"，但并未将其作为一个独立要素加以考察，而是作为"情境"要素下的一个子要素（如情境中的"领导者与部属关系"），直到领导者—成员交换理论（LMX）出现，才将"追随者"作为一个独立要素加以考察；自20世纪80年代进入新型领导力理论时期以来，领导力理论构成要素逐渐丰富，相关理论几乎都涉及领导者（特质与行为）、情境、追随者，此时尽管各派理论的侧重点会有所不同，但理论框架趋于综合。

二、研究重心

百年来，各派领导力理论的研究重心发生如下变化：从特质论到行为论再到权变论都是从领导者入手，将领导者完全看作领导过程的主导方，各种理论旨在为领导者的实践提供领导"秘诀"，此时的研究重心称为"英明的领导者"。这种状况甚至到了新型领导力理论时期还提出全新概念，比如魅力型领导、变革型领导、愿景型领导等，该时期也是从领导者出发，只是此时要求的领导过程更具情感、意义、价值，此时的研究重心称为"英雄的领导者"。稍晚出现的一些新型领导力理论，如团队式领导、分布式领导等，研究重心开始发生明显变化，从过去以领导者为主转向同时关注领导者与追随者，并重视二者的行为、意义互动。值得注意的是，早在 20 世纪 70 年代中期出现的 LMX 理论已经关注到追随者一方，但对二者的互动关系只进行了比较直观的分析，当然后来该理论也得到了较为深入的发展。

三、概念层次

加里·尤克尔在其专著《组织领导学》中指出，领导力概念可以分为四个层次：（1）内在个人过程；（2）二元过程；（3）团体过程；（4）组织过程。因为领导力概念很难发展为一种既简略又易用的多维理论，所以大多数领导力理论仅侧重这些过程中的一个层次。各理论流派中关于领导力的概念表现出不同的层次取向。特质论的"领导力"概念比较明确地属于内在个人层次；行为论、权变论以及 LMX 理论等，则属于二元层次；后来的新型领导力理论则大多是在团队或组织层面上展开探讨。需要指出的是，这些层次可以看作一种系列讨论，在一个更高层次上的概念化的理论通常假定相关的过程也发生在较高层次上，即使没有明确对它们进行描述。

四、系统属性

随着构成要素、概念层次变化，领导力的系统属性也发生一定的变化，这种变化分别表现为：特质论、行为论时期只有孤立静止的单要素，没有系统可言；权变论时期开始发展为相对动态的双要素，是一种封闭系统观；进入新型领导力理论时期以后，多要素整合理论成为普遍现象，不仅关注组织内部情境，还考虑组织外在情境，是一种开放系统观。

五、哲学基础

领导力理论研究的内在哲学基础大致可以分为两类：在特质论、行为论、权变论时期，领导力理论研究的哲学基础主要是逻辑实证主义下的结构—功能范式，倾向于技术理性，强调价值无涉的前提下，寻求线性决定的因果关系；进入新型领导力理论时期以来，领导力理论研究的哲学基础主要是后实证以及后现代科学下的复杂性理论范式，关注情感意义，承认非线性的多重因果关系以及自组织、适应性学习等。

六、领导力本质

不同理论时期的领导力本质也是有着明显差异的：特质论者

认为领导力是"领导者身上的特质对追随者产生的单向影响";行为论者认为领导力是"领导者对追随者单向实施的最佳领导行为";权变论者认为领导力是"领导者根据具体情境选择恰当追随者愿意接受的领导行为";LMX 理论认为领导力是"领导者与追随者互动的过程";以变革型领导为代表的新型领导力理论认为领导力是"领导者为实现共同愿景,通过个人魅力和行动来有效地影响追随者情感、价值观的过程";以分布式领导为代表的后变革型领导力理论则认为领导力是"领导者、追随者及情境在多层次、多向互动中的意义建构过程"。由此可见,领导力本质的认识是一个逐渐丰富、逐渐揭示、反映和逼近真实领导活动的过程。

总体而言,百年领导力理论发展是一个由简单到复杂,由静态到动态,由行为到心灵,由描述到理解,由事实到价值,由局部到整体,由受制情境到改造情境,由一枝独秀到百家争鸣的逐渐成熟的过程。需要肯定的是,在此过程中,我国的领导与管理研究者们也进行了深入的探索并做出了一定的贡献。

第三节　国外校长领导力研究进展综述

在国外,诸多学者对教育领导力进行了大量深入的研究,成果丰硕。查阅有关文献发现,国外中学校长领导力研究大都是在整个教育领导力范畴下进行的，笔者从校长领导力视角归纳为以下两类。

一、结构框架下的校长领导力研究

从 1950 年开始的很长一段时间里，教育管理理论从萌芽到发展，一直在结构—功能框架下展开各种实证调查研究，研究主题主要集中在校长领导力研究上。笔者将从校长的领导特质、领导行为、权变理论三个方面进行整理。

（一）关于校长领导特质的研究

Bolam·R 开展了一项关于学校领导的实践研究，该研究应用校长访谈、问卷调查等方法，发现校长的领导特质体现在个人素质、管理素质、领导素质等方面；Destine 在一系列的研究后提出领导应该具备的特质，即领导的人际、领导的技术、领导的隐性知识、领导的当地知识等技能和知识。

（二）关于校长领导行为的研究

Sanchez-Perkins 在一系列研究的基础上，提出校长本人的建立结构以及关系体谅行为会对教师工作动机水平提高有外在激励以及内在驱动作用，并且其发现刺激教师内在驱动和外在激励最好的效果是领导的关心体谅行为；W·R·Wayne 的研究表明，教师的士气很明显地受到他们所感知的校长领导行为的影响，而且不同的关心体谅程度会带来截然不同的教师士气。Lee 研究发现，在校长的建立结构水平和关心体谅水平都高的情况下，教师的工作压力水平最低；如果校长的建立结构水平高而关心体谅水平低，那么教师的工作压力水平则比较高；如果校长的建立结构和关心体谅水平都低，那么教师的工作压力水平最高。由此可见，影响教师工作压力水平的一个重要因素就是校长关心体谅的程度，因为关心体谅水平能让教师直接感受到学校和校长对他们工作的支持力度。

（三）关于校长权变理论的研究

从 1965 年到 1979 年，众多学者以权变理论作为领导力理论研究的主要方向，进行了大量的理论性和经验性的研究。这种情况对教育领导力领域也产生了一定的影响，主要体现在思想框架下教育领导实践的分析和指导。但很少有相关的实证研究，只有少数研究采用 F. E. Fiedler 所提出的 LPC 问卷开展实证调研和分析。到 20 世纪 70 年代后期，权变理论对教育领导理论的影响变得越来越微弱。

二、校长领导力在教育领导理论多样化时期的研究

20 世纪 90 年代以来，教育领导力领域的研究受到多种因素的影响，逐渐变得活跃且多样化。笔者在梳理前人文献的基础上，

分别从变革式领导在校长领导力中的应用研究、道德式领导在校长领导力中的应用研究、教学式领导在校长领导力中的应用研究、分布式领导在校长领导力中的应用研究等四个方面进行介绍。

(一) 变革式领导在校长领导力中的应用研究

Thomas J. Sergiovanni 曾经提出了五种领导力模式：技术、人际、教育、象征和文化领导力。他用这五种领导力模式去阐述校长的领导和优秀学校之间的关系，并指出学校领导五种模式中的"象征领导"和"文化领导"正是属于学校变革型领导的范畴。Adam E. Nir 等人实证研究发现，校长的变革式领导行为和教师的自我效能感存在着明显的关系，其原因主要是其领导行为一方面增强了教师工作的挑战性，另一方面支持了教师的创造性，所以极大地提升了教师工作的满意度。Hon A Ross 开展了一项研究，他发现如果学校能够实施高水平的变革式领导行为，那么第一会产生极高的教师集体效能感，第二可以促进教师信守工作承诺，第三能有效促进学校共同体发展，第四可以激发教师团队合作，第五能更好地促成学生学业成就。

(二) 道德式领导在校长领导力中的应用研究

Thomas J. Sergiovanni 在其著作中对道德式领导理论的框架进行了初步建构。随后，其不断地补充和完善道德领导理论体系。道德式领导理论的完善具有很大影响力，尤其是该理论重新回答了一系列有关学校领导的关键问题，并且指出领导的核心精神应该是道德领导。R·J·Arrant 的《建立一个富有伦理的学校：学校道德危机的实际回应》、F·M·Louis 的《后建构主义时代的道德领导》以及 L·G·Balmain 的《用心灵来领导》都是以道德领导力为主体的教育领导力研究。

（三）教学式领导在校长领导力中的应用研究

Challenger 等人推出的教学式领导模式，包括三个实施层面：界定学校使命、管理教学方案及拓展学校学习氛围。实施层面下又有 21 条行为指标。教学领导层面与行为指标可以用教学领导量表来度量，其结果可用于改善教学方面的领导及管理工作。Klein Wehrmacht P 针对现实中存在有些校长可能在教学上难以做出表率的情况，指出校长要成为教学指导型的校长。这种情况下校长将会面临一定的挑战。校长成为指导型的教学领导者，是解决校长教学能力不足的一种方案，具有一定的参考价值。William Buckingham 提出校长首先应该具备一定的价值观以及原则，其次应该把领导教学作为优先事项，最后应该处理好连续性和变化性这对矛盾。

（四）分布式领导在校长领导力中的应用研究

Henry Mintzberg 指出组织应该提倡使用分布式领导代替原来以个人为中心的集权式领导，他将分布式领导定义为组织中不同的成员根据自己的能力以及环境条件的变化动态地分享领导角色。Wayne K. Hoy 等人通过研究得出这样的结论：个体领导理论和分布式领导理论两者之间不会相互否定或者是削弱对方的重要性，反而提供了有关学校领导之间相互补充的观点。Carl Stricklan 曾经做过一项学校回顾性研究，此项研究涉及和界定了一系列能够持续改进学生学习结果的学校因素，他将分布式领导放在了第一位，充分说明了其重要作用。Cecil A Gibber 在《社会学手册》一书中提出分布式领导的概念。在界定此概念时，他提出无论何时，在一个组织里可以出现多位领导，每位领导在组织中的角色不尽相同，但前提是每位领导都应该具备一定的领导力，并且他或者她的这种领导力是特殊时期组织所需要的。

第四节　国内校长领导力研究进展综述

改革开放四十多年来，我国教育管理学科逐渐得到了恢复和发展，校长及其领导力的相关著作和研究也逐渐丰富了起来，学术界也已经开展了多方面的调查分析。本研究主要关注的是中学校长领导力现状、问题及提升策略，因而有必要对国内关于校长领导力的文献进行梳理，进而盘点有利于促进中学校长领导力水平提高的文献，笔者从以下几个方面进行分类。

一、关于校长领导力内涵的研究

邱心玫把校长领导力定义为校长个人和团队素质等因素在一定的领导体制和领导环境下同时作用的一种综合作用力；谢方圆认为校长的领导力是校长根据学校的发展愿景，利用校内外资源，引领教职工实现学校发展目标的综合能力；赵红娟认为校长领导力是校长在管理学校时表现出来的一种能力，也是校长和师生、家长之间的一种相互作用力；康仲秋提出校长领导力是校长利用自己管理者的角色和自身的魅力，对学校教职工和社会组织产生积极的影响，最后达到学校发展目标以及开展教育教学活动的一种能力；徐铆认为校长领导力能够促进学校的全面发展，能够加快学生个人成长，是校长综合能力在学校整体的发展中的具体体现；王忠将校长的团队信息化领导力界定为在信息化环境以及一定的领导体制下，校长个人信息化素质对学校信息化发展的一种整体合力。

二、关于校长领导力分类的研究

郑燕祥在萨乔万尼和博尔曼等人理论的基础上提出了校长领导力的五向度模型，即结构、人际、政治、文化及教育领导力；赵明仁根据校长影响力以及其功能的不同，把校长领导力分为技术、教育、人际、象征和文化领导力；姜美玲等人经过一系列的调查和访谈等实证研究，把校长领导力分为愿景与规划领导力、教学领导力、课程领导力、文化领导力、教育科研领导力、教师专业发展领导力和行政领导力；王文娅将校长领导力总结为学校发展、课程教学、育人文化、教师成长、外部环境和内部管理领导力。

三、关于校长领导力影响因素的研究

孔丽对 13 个省展开了调研，她将中学校长作为研究对象，把学校效能和领导特质理论作为理论基础，采用了郑燕祥提出的学校领导五向度模型和校长领导力量表，并把学校规模、学校地域、校长学历和任职年限作为调研的维度对校长领导力进行分析。数据显示校长的教育领导力水平排在最后，结构领导力水平排在第一，而且各个维度发展存在不均衡的现象。马方丽选取中学女校长作为研究对象，在问卷和访谈的基础上，以宏观和微观的视角去剖析影响女校长领导力发挥的有利和不利因素，从校内和校外多个角度发现，其实是传统的固有思维约束了女校长领导力的发挥。孙倩结合当下中学所面临的问题，分析校长领导力现状，寻找校长领导力缺失的根源，最后找到影响校长领导力发挥的根源所在——校长能力和素质无法达到领导学校发展的要求，团队凝聚力欠缺和制度管理存在缺陷。赵磊磊提出校长信息化教学领导力受感知有用性和行为意向影响。郭国燕指出女校长的教学领导力主要影响因素为校长的生活经历、校长的女性特质、关键人物的支持和社会的认可几个方面。

四、关于校长领导力问题对策的研究

李玉芳通过前期的实证研究，建议从改进决策、执行、团队建设等多方面去提升中学校长领导力，最后强调校长提高沟通交流能力的必要性。孙锦明分别从专业、制度和主体三个视角下提出了改进我国中学校长领导力的建议。张爽建议校长从有效地授权以及懂得分享领导力这两个层面进行能力建设，同时强调校长不但要不断凝练学校的愿景和价值观，为师生创造有利的变革组织环境，而且要重视专业引领，构建紧密联结的文化，以此来发挥教师的创造力。金晓燕以松江区中学校长领导力作为研究课题，分析校长在时代变革的大背景下应该具备的领导力，提出在教育领导理论视野下提升领导力的可行建议：首先校长个人主观上应该以教育领导理论为标准去努力，其次作为上级的教育行政部门也要给予管理制度上的保障。任守辉主要从两个方面提出提升校长领导力的策略：第一，在为校长搭建展现领导力的广阔舞台方面，教育行政部门应该多做工作；第二，校长应该有成长为教育大家的理想。徐向英提出提升中学校长德育领导力的途径：首先，要深化对德育的理解，有效地改变德育教育的思路，不断探索德育教育的规律；其次，要加强对德育相关知识和方法的研究；最后，要注重德育教育队伍素质的提高，以此增强领导实效。雷万鹏等认为校长课程领导力提升应聚焦于"赋权"与"增能"两种路径。杨清溪提出要从加强校长队伍建设、为学校留住优秀校长、开展领导力专题培训、打破校长领导力认知误区等四个方面提升校长领导力。李克勤等在数据分析的基础上，提出应从培育中学校长公共理性精神、引导中学相关利益建构、提升学校教育哲学认知等方面有针对性地提升中学校长自身的价值领导力。

纵观国内外研究发现，在西方，无论是研究方法还是研究成果，校长领导力的研究进展与一般领导力的研究进展几乎保持同步，校长领导力的独创理论对一般领导力理论的发展亦有所贡献，且已将相关研究结果广泛用于校长领导力开发中。在国内，受国外研究发展的影响和教育实践发展的需要，中学校长领导力问题正逐步受到关注，并取得了丰硕的研究成果。

第三章 教育现代化维度下中学校长领导力问卷调查

第一节 调查实施和数据处理

一、调查对象

笔者一共调查了 60 名中学校长，其中 34 名为男性，26 名为女性，年龄范围控制在 36~51 周岁。调查问卷于 2021 年 9 月 15 日发放，于 2022 年 1 月 15 日全部收回。

二、调查工具

由于本研究借鉴了郑燕祥教授关于校长领导力的"五向度模型"，因此，调查问卷也采用了郑燕祥教授编制的《校长领导力量表》（以下简称量表）。为使量表更好地适应国内学校的教学习惯与传统，笔者对量表的语句和表达方式进行了适当调整。调整后的量表共分为六个部分，分别为：结构领导力，包含六项，如其中一项是"重视明确的组织结构并发挥指挥、命令的功能"；人际领导力，包含五项，如其中一项是"尊重、关心、支持广大教职工"；政治领导力，包含三项，如其中一项是"教职工被授权做一些决定，而不是等着领导发号施令"；文化领导力，包含四项，如其中一项是"善于通过多种活动和方式去使大部分教职工知晓并理解学校价值取向内涵，使其成为学校成员共同取向"；教育领导力，包含五项，如其中一项是"会主动提供专业或学习咨询，鼓励并推动教师参与各类进修"；校长非权力性影响力，包含三项，如其中一项是"品德高尚、以身作则、行为表现可成为成员行为的模范"。需要指出的是，本研究添加了"校长非权力性影响力"这一部分，原因是校长的个人品质、才能、知识、感情等非权力性因素的影响力比权力性因素的影响力广泛、持久得多。本量表采用五分尺度进行计分，具体分为"从未如此""较少如此""基本如此""经常如此""总是如此"，得分越高则说明校长在该方面的领导力越强。

修订后的《校长领导力量表》具有信度。调查结果显示：结构领导力、人际领导力、政治领导力、文化领导力和教育领导力各分量表的 Cronbach's alpha（信度系数）分别为 0.921、0.937、0.941、0.918、0.893，由此看出该量表较可靠。正式对校长进行测试后的结果显示，结构领导力、人际领导力、政治领导力、文化领导力、教育领导力各分量表的 Cronbach's alpha 分别为 0.882、0.906、0.917、0.895、0.903。

三、调查抽样

本研究主要选取中学校长来进行调查，采取随机抽取的方式，各中学校长均同意参与本次课题的研究。通过问卷调查、随机访谈等方法获取的数据信息，为本研究的分析提供了参考依据。

第二节　调查结果和数据分析

一、中学校长教学领导力激励师生调查

中学校长教学领导力激励师生的调查结果见表1、表2。

表1　中学校长教学领导中激励师生频率

	人数/人	百分比
经常激励	20	33.3%
偶尔激励	28	46.7%
极少激励	12	20.0%
从不激励	0	0

由表1可知，中学校长在激励师生的频率上，经常激励的占比为33.3%，偶尔激励的占比为46.7%，极少激励的占比为20.0%，从不激励的占比为0。由此可见，当前中学校长在师生激励上有所不足。

表2　中学校长教学领导中激励师生成效

	人数/人	百分比
非常好	23	38.3%
好	25	41.7%
一般	12	20.0%
差	0	0

由表2可知，中学校长在激励师生的成效上，选择"非常好"的占比为38.3%，选择"好"的占比为41.7%，选择"一

般"的占比为 20.0%，选择"差"的占比为 0。由此可见，大多数中学校长激励师生的成效较好。

二、中学校长教学领导力管理课程教学调查

中学校长教学领导力管理课程教学的调查结果见表 3、表 4。

表 3　中学校长教学领导中管理课程教学频率

	人数/人	百分比
经常	23	38.3%
偶尔	24	40.0%
极少	13	21.7%
从未	0	0

由表 3 可知，中学校长对于管理课程教学的频率，选择"经常"的占比为 38.3%，选择"偶尔"的占比为 40.0%，选择"极少"的占比为 21.7%，选择"从未"的占比为 0。由此可见，中学校长整体对课程教学进行管理的较少，这对于其教学领导力的提升会产生不利影响。

表 4　中学校长教学领导中管理课程教学成效

	人数/人	百分比
非常好	22	36.7%
好	25	41.7%
一般	13	21.6%
差	0	0

由表4可知，中学校长在管理课程教学的成效上，选择"非常好"的占比为36.7%，选择"好"的占比为41.7%，选择"一般"的占比为21.6%，选择"差"的占比为0。由此可以得出，中学校长在管理课程教学领导能力方面取得了显著的成效，但还有待进一步地发展提升。

三、中学校长教学领导力创新发展调查

中学校长教学领导力创新发展的调查结果见表5。

表5 中学校长教学领导力创新发展成效

	人数/人	百分比
非常好	21	35.0%
好	26	43.3%
一般	13	21.7%
差	0	0

由表5可知，中学校长在教学领导力创新发展的成效上，选择"非常好"的占比为35.0%，选择"好"的占比为43.3%，选择"一般"的占比为21.7%，选择"差"的占比为0。由此可见，中学校长教学领导力创新发展取得了相对较好的成效，但也存在一定不足，这需要他们在日常的教学领导工作中加以重视和改进。

第四章 教育现代化维度下
中学校长领导力访谈研究

第一节 访谈设计和实施

通过对教师进行问卷调查，我们了解了中学校长领导力的基本状况。由于量化调查信息获取的间接性，我们一定程度上难以通晓校长领导力的具体情形，而且仅仅通过教师来了解校长领导力的情况会失之偏颇。因此，笔者通过对中学校长进行访谈，运用前述校长领导力"五向度模型"进行分析。

一、访谈对象的选取

笔者从调查的 60 名中学校长中选取学校影响力相对较强的 17 名校长进行访谈，从总体上保证受访校长领导力水平均属中等偏上。访谈方式是正式访谈，即笔者亲自到学校访谈校长；访谈时间从 2022 年 10 月开始，同年 11 月中旬结束。之后，笔者又通过电话方式对相关问题进行了咨询。

二、访谈问题的设计

因为访谈目的是了解中学校长领导力在学校组织层面的具体情况，所以本研究设计了六个题项：

（1）中学是基础教育，主要任务是提高教学质量，创办特色学校是次要任务；（2）实行校长负责制，学校的大小事都由校长说了算；（3）受访校长行政、教学经历情况，并谈谈对自己治校影响较大的人；（4）您在学校领导实践中，哪些方面做得让自己感到比较满意或是成功的？（5）您在学校领导实践中，哪些方面感觉压力大？您是如何应对和处理的？（6）谈谈自己的学习与进修情况。其中，（1）、（2）、（4）、（5）是了解受访校长在学校组织层面领导力的发挥情况，（3）、（6）是了解受访校长对自我的认识与看法以及学习进修情况。具体访谈过程中，重点放在（1）、（2）、（4）、（5）问题上。

三、访谈实施及数据处理

本研究采用的访谈方式是正式访谈，访谈于 2022 年 10 月开始，同年 11 月中旬结束，访谈由笔者亲自实施。访谈前，笔者通过介绍人、短信或打电话等方式告知校长访谈目的，征求校长是否愿意接受访谈。访谈活动有些在下午进行，有些在晚上进行；访谈时间多数在 1 小时内；访谈信息全部采用现场笔录方式进行记录。

第二节 访谈资料和数据研究

从受访的 17 位中学校长毕业院校来看，只有两位是普通本科院校毕业，其他都是师范院校毕业。由此可见，师范院校毕业生是受访中学校长队伍的主力军。所有受访校长在上岗前后都在本地区或是本省市参加过校长任职培训，并通过考试取得了合格证书，上岗后还多次参加校长培训和校长高级研修班。可见，校长们受训经历规范并丰富。

从受访校长行政经历来看，校长们都曾担任过班主任，都有中层干部经历，即担任过年级组长、教研组长、教导主任、政教主任或副校长等。另外，还有一位校长曾被调入教育行政部门任科长，之后再次回到学校任校长。由此可见，校长们在行政方面的成长经历都有一系列的锻炼过程。

从受访校长业务发展来看，17 位受访中学校长的任教学科集中在语文和数学这两门学科上。校长们的专业技术职称为特级教师或高级教师，此外，校长们大多曾是学科带头人、骨干教师。由此可见，受访中学校长具有较高的教学业务水平。

一、受访校长领导力分向度分析

（一）结构领导力

结构主要涉及"组织将责任分配给组织的参与者并创建规则、政策、程序和等级，以使各种不同的活动相协调"；结构领导力是指校长领导学校组织体制的设计和运行机制的开发。前者包括结构设置、角色澄清、权限划分及隶属关系等方面，后者主要包括澄清政策及程序、考核评价、奖惩制度等方面。

在受访的 17 位中学校长中，所有的校长都谈及学校的结构问题。学校本身也都各自有一定的管理体制和运行机制，校长们从不同程度上介绍自己在学校结构上采取的措施，一部分校长大胆创新本校的结构，一部分校长表示正着力健全本校的规章制度、奖惩制度及考核评价制度。由此可见，校长们都比较关注与重视结构问题，愿意投入更多的精力进行创新，也取得了良好的效果。然而，校长在制定学校的政策、目标及各种制度或其他相关决策前并没有听取教师们的建议，大多是按照惯有制度实施，或是和领导班子成员商议一下就实施。下面谈谈一些校长的看法。

"教师的首要职责就是做好教学工作，提高学生的成绩，认真批改作业，并与家长进行良好的沟通等。另外，教师还要投入更多的时间去帮助成绩较差的学生，提高总体平均分，决策的事情都是领导的事情。"

——摘自《A02 访谈笔记》

"我个人认为，教师参与决策可以出主意、想法子，有些问题校长并不熟悉，可以给校长提供一些信息，避免其做出不合适或错误的决定，影响工作的进展。但是教师参与决策也有很多弊端，如需要长时间讨论问题，教师还有教学工作要做，如果希望教师都参加，那就要等到放学后或是周末，这样就占用了教师的私人时间。另外，我也有很多事情要处理，哪有那么多时间搞这种事情。领导班子讨论下，差不多就可以了。"

——摘自《A06访谈笔记》

"我接手这个学校有七年了，刚来到这个学校，关于学校规章制度的制定、学校的校园文化建设、教师教学工作、学生住宿等工作，我都会在周会议上提出来，让大家商议，有更多的点子可以提出来，或是通过教代会让大家都出出主意，可是好多教师认为这是领导的事情，领导怎么安排，他们就怎么做。还有的教师谈到自己能力有限，关于此方面的事情都没有概念，怎么提想法。另外，有一些教师即使有想法可能也不会说。时间长了，诸如此类的事情我都只和领导班子几个成员商议下，或者自己做决定。"

——摘自《A11访谈笔记》

就执行过程的操作环节来看，大多数校长认为，"校长要做有效率的事情，就要严格按照程序办事，不然就会乱套"；有些校长谈道："规章制度是要遵守的，执行也要注意人性化。"

总体而言，受访校长们都很重视根据时代的发展，来改革与调整结构领导力。具体执行过程中，有的校长根据制度严格执行，有的校长主张制度和人性并存，但是教职工是被动接受这些制度的制定与执行的，在一定程度上降低了教职工的积极性、主动性和创造性。

（二）人际领导力

人际领导力主要是校长通过对教职工的支持与关心，来调动教职工工作的积极性、主动性和创造性。受访校长都比较重视对教职工的关怀和支持，主要表现在以下两方面：

第一，关心爱护，提高待遇。

受访校长中所有校长都强调要关心教师福利，改善教师物质生活。物质是人类生存最基本的条件。因此，要重视教师的物质利益，改善教师的工作条件，解决教师的住房问题，尽可能提高教师的待遇，解决教师的实际困难。

"我觉得人性关怀在学校里是最重要的。我们学校专门为教师建造了一座公寓楼，一是照顾刚刚毕业入职的新教师，二是教师中午可以在学校休息。此外，学校还为教师提供免费午餐。"

——摘自《A07访谈笔记》

"我们学校成立了一个教师健康基金会，面向教师个人、教师父母以及教师的孩子。维持基金会正常运转的资金主要由学校出，学校每年都注入资金，教师们也会自愿捐一些，体现出人与人之间的帮扶。基金会可以借款及资助，资助多少，主要依据需资助家庭的具体情况为教师提供了方便。"这位校长还坦言道，"这项活动是前任校长做起的，我只是传承与发展。"

——摘自《A12 访谈笔记》

第二，尊重信任，用人所长。

还有受访校长认为对教师尊重，善用他们的长处也是一种支持与关心的方式。这种方式既能使教师专业水平得到发展，也能让教师获得成就感。

"前年我们学校来了一位刚毕业的女大学生，专业是数学。学校举办'六一儿童晚会'初选节目时，有个节目是英语话剧，当时有个孩子说错了英文单词，她立刻纠正了，教孩子应该怎么说，还提出了很好的建议。我发现她英语素养很不错，第二学期就和她商量，让她教三年级的英语课，她同意了，并获得了师生家长的一致好评。此外，她执导的英语短剧还荣获县一等奖。现在的她很有成就感，比之前只做数学老师感觉好多了。"

——摘自《A10 访谈笔记》

通过以上两方面的介绍，我们可以看出校长们都很重视对教师的关怀与激励，都很实在。相对而言，受访中学校长的人际领导力较突出。

（三）政治领导力

政治领导力是校长通过理解政治的正面性，给予学校成员适当权利，解决组织间的冲突和纠纷的能力。

"校长要成为有效的授权者，就要把大量的事情分工交出去。教务主任做什么，总务主任做什么，必须得明确，如果不明确，领导之间就会出现争权的现象。因此，我给副校长、教导主任定的职责是很明确的，特别是学校的经费我是不会签的，都是由总务主任主管。学校有制度，要严格按照制度执行，我对他们十分信任，他们也做得好，对我负责，我们之间也没有什么矛盾。校长就是要集中精力管好关键的事情，要能有效地授权。"

——《摘自 A01 访谈校长》

（四）文化领导力

文化领导力是指校长通过相关仪式和活动，宣传学校的价值观，并予以执行的能力。事实上，每所学校都有其文化特点，这与学校的历史长短有关。这里的文化领导力主要是指校长有意识挖掘、建设积极的学校文化，以使学校的发展更具特色。在访谈的 17 位中学校长中，大多数校长都谈及自己在学校文化建设上的想法和做法，但大多处于无意识状态，即便是在工作中会涉及活动、仪式等方面的内容。少数校长意识到文化建设的重要性，认真思考、挖掘并宣扬学校的文化，这可能是因为其在接受培训并参观当地或外省市优秀学校后受了启发。还有些校长被问及建设学校文化的具体做法时，什么也说不上来。有两位初级中学校长谈到学校文化时说随便搞搞就行了，抓好学生成绩才是最重要的。但一位来自城关镇第二中学的校长通过校园环境文化建设的方式，形成了学校文化价值共识，我们来看看这位校长的具体做法。

"学校文化建设我们领导班子成员可是用心了，我们经常坐到一起考虑问题。我们学校的大门有些小，前面还有一口大池塘，存在安全隐患。于是我们就跟当地的老百姓商量，把这个池塘征下来。附近的居民和学校一起把池塘填了一半，并把学校大门重新建了一番。在另一半池塘上建了园林，建园林的主要目的是让接送学生的家长们有个休息的场地。我们还通过在园林走廊的墙壁上张贴学校的校训及近期学校举办的活动成果等来宣传学校的价值共识。"

——摘自《A17 访谈校长》

（五）教育领导力

教育领导力主要是指校长鼓励教师专业发展及改进教学的能力。如：帮助教师诊断教学问题并讨论解决问题的措施，支持并提供教师在职进修、课程开发等机会。接受访谈的 17 位中学校长都认为升学率是最重要的，并且纷纷表示这方面压力最大，平时严抓的就是学生成绩。但相对来讲，学生的其他方面，如德育、体育、美育等也很重要。下面介绍两位校长在教师教育教学上的实践与探索。

"相对学校其他的工作，教师的专业发展是我做得较多的事情。我个人认为，这块是必须做的，而且还要有效。之前我请了市级学校的优秀教师来给我们上了几堂课，课后教师们通过交流，也学到了一些新的教学方法。之后，有教师提出组织大家出去看看，到市公办学校看看人家都是怎么上课的。我觉得可行，就分学科让大家去，去了以后大家都觉得自己落后好多。我还请了一些学科领域的专家来学校讲座，给教师们上示范课，课后评课，教师们也都要谈。我把教师们派到市一所中学去培训学习，一学期一次，一次四个人，目的是让教师学学他人的教学方法与技巧，回来后要写报告，要在学科组里讲，还要上公开课，这样坚持了四年，效果还是很好的。

与此同时，我们学校建立了教学研究奖励制度，目的是希望教师们上公开课，每学期会评选一次，给予适当的奖励，并且把教师们公认的相对好的公开课推荐去县里进行比赛，同样给予奖励。此外，就是教学反思。做任何事情都要进行反思，教师可以写这星期或是这个月自己最满意的课，也可以写自己这学期的教学进步与成长，只写某一点，用文字写出来，反复修改，再进行发表，这个也作为了职称评定的依据。时间长了，教师们就会形成一种习惯，不仅教学能力得到了提升，还获得了额外的奖励，更会增强职业成就感。"

——摘自《A16 访谈校长》

"如何提高教师的教学能力，仅仅着眼于课堂教学本身或是仅仅研究本学科的知识都过于狭隘。苏霍姆林斯基说：'教师进行劳动和创造的时间好比一条大河，要靠许多小的溪流来滋养它。教师时常要读书，平时积累的知识越多，上课就越轻松。'因此，多年来我们学校坚持在教师中开展读书活动，学校也制定了相应的规章制度，以此约束教师的读书行为；颁布有关激励措施，激发教师的读书热情，使教师的读书行为变成习惯，丰富教师的文化底蕴。"

——摘自《A13 访谈校长》

从上述 17 位受访中学校长的结构领导力、人际领导力、政治领导力、文化领导力和教育领导力分析来看，校长们在人际领导力和政治领导力向度上表现突出，结构领导力表现处于中间位置，而文化领导力和教育领导力表现则不尽如人意。从以上情况来看，很少有校长在这五个向度上都表现较好，但是也没有校长在这五个向度上表现均弱的情况。

二、受访校长领导力五向度综合分析

受访校长们在领导学校实际工作中对五个向度领导力侧重点可能各有不同，有的侧重发挥某个领导力，有的侧重组合发挥多个领导力，也有的同时发挥五个领导力。下面我们来看看具体的情况。

（一）重点发挥某个领导力

校长根据自己学校发展阶段和状况，在某个时期内主要发挥某种领导力。从整体情况来看，受访校长普遍都重视结构领导力的发挥。如 A03 校长接受任命后实施结构工资改革，A11 校长推行中层干部海选，A05 校长优化教师评价体系，还有一些校长遵循学校现有规章制度，实行"法治"路线，等等。受访校长中还有些校长会重点发挥人际领导力，也有些会重点发挥教育领导力，没有校长表示仅发挥文化领导力和政治领导力。

（二）组合发挥多个领导力

校长在领导学校过程中，同时发挥五向度领导力中的某几个向度的作用。从整体情况来看，受访校长组合发挥结构领导力、政治领导力和人际领导力较多，也有些校长组合发挥结构领导力、人际领导力和教育领导力，还有些校长表示在结构领导力、政治领导力和人际领导力几个向度做得较好的情况下，领导力的重心才会深入教育领导力或是文化领导力。

（三）综合发挥五个领导力

校长在领导学校工作中，同时发挥结构领导力、人际领导力、政治领导力、文化领导力和教育领导力，这与学校的发展阶段有关，更与校长的个人素质有关。一般情况下，校长都很难同时满足这五个向度领导力的素质要求，学校也未必需要校长在学校发展的每个阶段都在五个向度上有很好的表现。从受访校长的实际情况来看，大多数校长是在某个领导力或某几个领导力组合发挥方面的表现突出，有些校长也会在领导学校的过程中在各个向度上去考虑并尝试，但这并不能说明校长们是在同时发挥这五个领导力。

苏霍姆林斯基曾说："领导学校，首先是教育思想上的领导，其次才是行政上的领导。"但从受访校长们的实际情况来看，大多数校长在领导学校时，首先是行政上的领导，其次才是教学上的领导。也有校长重视教学领导，但更多的是在为应试教育服务。

第五章 教育现代化维度下
中学校长领导力个案分析

第一节 杨宝臣案例分析

一、杨宝臣职业经历

杨宝臣，辽宁省实验中学教师，辽宁省滨海实验中学校长，差异势能教育创始人，差异势能教育专业委员会会长，差异势能教育研究院院长，中国著名教育改革家。曾获评"2016 年度中国好校长"，是中国杰出的教育家。担任沈阳师范大学教师教育讲堂特聘专家，哈尔滨教育学院国培特聘专家，东北师范大学教师教育人才培养特聘专家，辽宁省教育学会常务理事，辽宁省中小学心理学会名誉会长，中国教育技术协会中学信息化专委会理事，中国教育学会化学教学专业委员会理事，中国人生科学学会中小学教育专业委员会副会长。

（一）从一个实验班说起

这是一位来自辽宁省的教育工作者。从教近三十年，担任过劳技课教师、化学实验员、化学教师、初中和高中班主任、校长……在不同的工作岗位上，他以教育为根本，视学生为天，每天都像从起点出发的马拉松选手，心系远方，不断前行。

这是一所渤海之滨的"草根"学校。招收的学生大多来自本地的三所乡村初级中学，2013 年招收学生的中考成绩多是三四百分的水平，部分学生入学成绩甚至在三百分以下。就是这些基础薄弱的学生，在 2016 年夏季高考中"翻身"——多数收到国内二本以上大学录取通知，部分学生被浙江大学、大连理工大学等高校录取。

这是一个有些神秘的课堂。在高一到高三的实验班课堂上，各科教师讲得很少，以学生自主学习为主；学生解决问题以相互交流、合作探究的方式为主；教师适当点拨、归纳总结。在这样的课堂上，孩子们脸上洋溢着自信和快乐。

这是一位怎样的校长？他的教育改革思想是什么？他在学生心中点亮了怎样的"自主学习"之灯？带着这些疑问，记者走进了位于渤海北岸笔架山下的辽宁省滨海实验中学。

三月的锦州，春寒料峭，空气清新。

上午十点，正是滨海实验中学的上课时间。在高二（一）班的教室里，一堂数学课正在进行。与一般课堂不同，这里静悄悄的，数学教师于旺没有站在讲台上，他在教室里不断巡视，关注学生们自主做题的情况。

一段时间过后，于老师宣布进入课堂讨论时间，话音刚落，同学们马上动了起来。不少人离开座位与同伴讨论，有两人、三人一组的，也有四人、五人一组的，讨论的声音小而热烈。

"这样做，能让每个人都参与到学习中，同学们掌握的知识点不同，先掌握的同学为后掌握的同学讲题。当全班同学都不会的时候，我才出场，给几个'种子选手'单独讲，他们学会了，再给不会的同学讲。"于旺老师介绍说。

在该班男生陈彦宇眼中，当自己吃透了知识点后，再高质量地完成讲题讨论，让自己和其他同学的解题思路产生碰撞，会激发新的学习能量。他同时坦言：新方法让自己加深了对课本知识的理解，求知的乐趣更大了。

"这只是杨宝臣校长首创的'差异势能教育'完整体系中的一部分。这一教育体系经过多年探索实践，改变了传统基教'以教师讲解为主'的课堂模式，让学生掌握高效、自主的学习方法，实现了从教到学的转变，有较强的'授人以渔'的意蕴。"辽宁省差异势能教育学会秘书长张志忠告诉记者。

在学生家长座谈会上，家长代表王翠说："我打心眼里感谢杨校长！说句实话，在以往的学习中，咱们的孩子太累了，家长也跟着累啊，自打咱家孩子到滨海实验中学后，她的学习变得轻松起来，跟家长的交流也多了！"

记者面前这位沉稳自信的中年人，就是辽宁省滨海实验中学校长杨宝臣。

1988 年 7 月，杨宝臣从辽宁师范大学物理系毕业，来到辽宁省实验中学工作。"辽实"是东北三省教育质量最好的中学之一，能在这里工作，杨宝臣感到浑身充满了干劲儿。学校先后安排他做劳技课教师和化学实验员，他服从大局，将全部精力投入工作中。

做就要做到最好。杨宝臣在化学实验员的岗位上，大胆改进实验教具和实验方法，他的教改实验课多次在全省优质课评比中获得一等奖。时间一晃到了 1996 年，经过多次申请，杨宝臣担任初三化学教师，实现了期待八年之久的"课堂梦"。

面对早已烂熟于心的初中化学课本，杨宝臣没有放松，他是抱着从零开始的朴素思想进入教师行列的。辽宁省实验中学是一所省重点中学，但杨宝臣带的不是学优班，而是部分学生基础较差的直升班。

"刚开始我并没想太多，只是感觉作为教师不应该只盯着学习成绩好的学生，要改变一个班级的面貌，应该先从基础最薄弱的学生入手，如果把他们引领好，让他们从学好一门学科到学好多门学科，孩子们就有了学习的自信，整个班级都会快速向前发展。那个时候，我强烈地感受到一个学生真想学了，就一定能获得综合水平的提高，这是教师咋教都代替不了的。"杨宝臣介绍说。

在当时的环境下进行教学改革，杨宝臣感到了来自三方面的压力：早已习惯了"老师讲，学生听"的孩子们，在尝试"自主学习、互相讨论"时，普遍感到茫然无措甚至心存抵触；家长希望教师在课堂上尽量讲得多、讲得细；社会上"教师就应该认真讲课"的传统观念，早已经根深蒂固、深入人心。

回顾往事，当年后进生小张两次"取空气"的故事，给杨宝臣的教育启发很大，坚定了他走教学改革之路的决心。

小张是当年杨宝臣班化学成绩最差的学生，为了恢复、增强他学习的信心，杨宝臣设计了一个环节，安排他带着器皿去取办公室的空气。第一次，小张拿着盖了玻璃片的集气瓶跑了回来。面对杨宝臣的质疑，小张说："老师，你没看到这是办公室的空气，是因为空气没有颜色。"杨宝臣认为小张的回答有道理，又接着问："你怎么能证明瓶里一定是办公室的空气呢？"小张一时语塞，杨宝臣悄悄告诉了他收集"办公室空气"的窍门。

第二天，小张见班长、团支书等人找不到收集"办公室空气"的方法，便主动用杨老师的办法帮助他们完成了任务。这次成功，让小张心理产生了巨变，第一次尝到了"学习成就感"带来的愉悦滋味。杨宝臣抓住时机让小张担任班里化学课代表——这在当时被认为是不可思议的，可杨宝臣坚持这样鼓励小张，短短几个月，小张的化学成绩就赶了上来。开了这个好头，小张的学习热情提高了，很快成长为班里的学优生。

类似的故事还有很多，诸如"比背课文""夸写字"等。在每一个故事中，杨宝臣都收获了令人惊喜的教育效果，那些在一般教师看来成绩难以提高的后进生，取得了实实在在的进步。杨宝臣说，在课堂上，为学生恢复、树立自信非常有必要，一堂好课有时候能改变孩子们的一生。

在几十年的教学生涯中，杨宝臣养成了很强的"辩证思维"习惯，且善于总结反思。夜深人静时，杨宝臣经常辗转反侧，思考班级后进生如何提升的难题，他想得最多的是后进生学习习惯差在哪里，潜力和突破口在哪里，自己应如何进行引导和推动。事物的发展总是从量变到质变。在帮助几个班典型的后进生成功进步后，杨宝臣的目标更大了，他把"变"的对象从少数人转向了全班。让"后进生带动全班同学进步"的观点，成为"差异势能教育"产生的正源，也是杨宝臣"一个都不能少"教育思想的发轫。为探索新的教学模式，杨宝臣专门拿出化学习题课时间，他改变了过去自己频繁讲题的做法，而是让基础薄弱的同学提前学会，并鼓励他们积极为别人讲题，在这一帮助人的过程中，后进生的能力得到了肯定，而且对班里其他学生具有很强的说服力——后进生都行，班里就没有不行的人。

杨宝臣解释说："成绩差的学生得到了讲题机会，为了不在全班同学面前丢脸，他自然认真地向成绩好的同学请教，他自己弄明白了，才能正确地讲出来。从另一方面说，我这样做，最重要的是帮助后进学生树立信心。在学习困境中，持续不断的自信，价值胜过黄金。"

一年后，杨宝臣所教的初中毕业班化学平均成绩在"辽实"拿了全年级第一名，班里三分之一学生获得满分。在辽宁省初中化学知识竞赛中，全省前五名里有两名是杨宝臣班的学生。

更让杨宝臣感到高兴的是，孩子们在十四五岁这一成长关键期，通过自主学习爱上了求知，特别是那些原来的后进生，普遍变得对自己的未来充满信心，其意志品质也得到了很好的锻炼。

杨宝臣信心十足地经营这个实验班，从不畏惧任何困难。他从兴趣入手，把孩子吸引到这个家庭中；从自学入手，逐渐地把他们引进书本中；从差异入手，慢慢形成优势互补的小组合作学习模式；从勤奋入手，让每个人享受成功的喜悦。他像家长一样，整天围着这 44 个孩子转；像研究员，苦心研究每一个学生的性格、爱好及特长；像兄长，与每个孩子结成亲如手足的友谊，把爱献给每一个学生。不久，这个班级成为真正意义上的大家庭。就是这样一个实验班，就是在这样的班主任的带领下，三年后，孩子们用累累硕果向家长、学校、社会交出一份完美的答卷。高考成绩公布后，这个实验班 600 分以上的有 4 人，还有一名同学被美国东北大学录取。一本进线人数 23 人，进线率 52.3%；二本以上进线率 100%，平均成绩 503 分。

（二）三个班的班主任和一校之长

2014 年，锦州滨海新区政府聘任杨宝臣老师为辽宁省滨海实验中学校长。从教师到校长，实在没有可搭建的台阶缓登。杨宝臣会当校长吗？所有认识他的人都在为他没有经验而担心。然而，他却从容不迫地驾驶这艘"破乱不堪"的大船起航了。

长期以来，由于学苗因素，学校学生每年高考成绩没有能达到 600 分的。考上一本的人数从未超过个位数字，考上二本的人数也寥寥无几，大部分学生考取三本或专科，还有相当多的学生落榜。教师从来没有集体备课，更谈不上教学研究，全校也没有几本课程标准。面对这样的师资现状，杨宝臣依然信心百倍地坚信一条真理：只要我做到了，我的老师们就能做到。他在原来实验班班主任的基础上，又任 2015 级两个新高一班级的班主任。一个校长、三个班级的班主任，这样的工作量让教师们肃然起敬。怎么当好班主任？他用行动告诉大家，要投入一颗爱心，要对每一个孩子负责，从关爱入手，精心管理，千万不能一开始就陷入一切为了高考和升学的怪圈里。"不是班主任的，也要像班主任一样爱你的学生们"，这是杨宝臣校长常说的一句话。这话说得容易，做起来别说有多难了，况且，杨校长又不善谈，从不向教师们滔滔不绝地发号施令。让老师关爱学生，校长必须关爱教师。比如，对于年岁大的教师，他用各种办法减轻他们的工作担子；对于年轻的教师，他关心他们的生活琐事……杨校长一直在理解中宽容他们。老师们并没有因为校长的宽容而放松自己，恰恰相反，他们更加精神百倍地投入工作。作为一位校长，他从不以命令的口吻布置工作，一切都在商议中进行。当他与教师谈话时，你很难分清谁是校长谁是老师。杨校长说："只有大家平等相待，才能听到真实的声音。"这样宽松的领导作风为他赢得了越来越多的理解与支持。

（三）课堂教学改革的抓手

学校工作千头万绪，到底抓什么？这位教师出身的校长当然离不开课堂教学。杨校长传授他当老师时的经验，第一条是不叫孩子"蒙"。要想学生不蒙，教师的教学设计尤为重要。一个好的教学设计能使学生轻松愉快地完成预期目标——每一节课分不同层次、不同教学目标设计，教师不要求齐步走，不要求统一达成，只需要学生会一点儿，进一点儿，会外层，进里层。一般情况下，教师讲课先剥去最外层的笋皮，即最简单、最基础的内容，不甩掉任何一个学生，达标率要达到100%；对于中层目标，使70%以上的学生不蒙就可以了；对于深层目标，使50%的学生不蒙。只要坚持不放弃，不同层次学生总可以自动完成学习任务。有人会置疑："这样做，教学进度能完成吗?"杨校长对教学进度从来不按套路走。他说："教学进度不只是时间概念，更重要的是质量概念——会了就是完成，不会，再快也不是完成。"因此，他要求教师，只要一学期整体完成教学内容就可以了，不追求每一节课进度一定到位。在这种思想理念的指导下，教师们认真整合教学内容。杨校长教学还有一招，就是不让学生"懒"。他千方百计地调动学生的学习自觉性、主动性和积极性。他让学习较差的学生先学一步，想办法让他们先会一点儿，再让他们把会的这一点儿讲给其他同学们听。杨校长也用小组合作学习的方式：每一节课，当学生依靠自学解决不了问题时，他们就会自动三五成群地找同伴帮助，形成个性化的小组讨论。每次讨论，根据讨论题目的不同，学生自动结成的小组成员也不同。学生根据需要，自动选组。"走组制"以解决问题为出发点，培养了越来越多的"小先生"。

（四）功夫下在课前准备

开放的课堂，开放的思维，打开了教师备课开放的大门。集体备课前，每一位教师都要填写"备课表"，其主要内容包括填写课题、课标对该课题的要求、近三年来相关高考题的再现、本课题的教学价值和重点内容、对本节课的教学建议等。这种个性化的填表预备课，使每位教师在集体备课时都有话可说。值得深探的是对知识内涵的解读和对课外资料的补充。在集体备课时，大家七嘴八舌共同筛选，最终找到切合实际的课外资料和课外习题。这是备课组共同的资源，是教师们智慧的结晶。备课中最难预测的是，当学生阅读教材时，不知道将提出什么问题。这就促使教师逐句逐段推敲文本，并做到两个回归，即回归作者，我为什么这样表述？它表示的是什么含义？还要回归学生，当我是学生时，看到文本的表述会想到什么？可能产生什么困惑？如此精心准备一堂课，上课时才能经得起学生们的"抠"。

在备课的环节里，教师还要设计好本节课要提出几个问题，什么问题需要小组合作学习，什么问题需要个体自悟，什么问题需要当堂检测，什么问题需课外作业，等等。这些问题都首先选自教材，然后是教材例题变式，最后才选自参考资料。譬如，历届高考试题，有质量的模拟试题，也有少部分选自各种练习册。备课的选题环节十分重要，题量要少，题质要精，要重基础，也要注意方法训练。

（五）广泛开展观评课活动

2015 年 9 月至 2016 年 5 月，学校连续不断地开展观评课活动。观评课是提高课堂教学质量最实际有效的教研活动。当大家有了共识之后，杨校长提出四种类型的观评课方式。

第一类：推门观。推门看课和课后评课，教师可以随意观看任意一节课，下课即评。

第二类：同组观。以同科备课组为单位，轮流交叉互听互评。

第三类：全校观。事先发告示，公布时间，进行统一观课评价。

第四类：骨干观。学校推广经典型课，全校备课组长、教研组长、年级部主任、科研主任、主管校长、校长等统一观课，每观二至三节课后，集中半天时间，广开言路集体评课，按统一制定的《五个字评论标准》进行科学客观评价，并提出改进意见。

最后，请专家从《教学论》《学习论》和《评价论》等观点中全面评论教学亮点。不到一年的观评课活动，使这所学校的课堂教学更加开放，学生们也能更加高效地利用课堂自主获取知识，教师们更加深刻地挖掘教材、更加实际地扩充知识领域。一系列教研活动的有序开展，促使这所学校发生质的飞跃！

（六）杨宝臣教育粗犷理论的形成与发展

杨宝臣说："我没有什么理论，但我知道怎么做是对的，怎么做是错的。对的，我就做到底，不对的，做了就是对不起学生！"这一段朴实的话，恰是反映了这位校长的学生观。他认为，学生没有好与不好之分，学生之间学习上的差异，才能产生学习的动力，进而转化成学习的动能。这种势能之差产生动能的学说恰是他提出的"差异势能教学"的基本思想。势能之差是人的天性，不仅仅是先天的 DNA 之差，还有后天的环境、教育、人脉、社会等因素之差。杨宝臣面对学生各种不同的差异，总能找到平衡点，使学生自动组成学习小组。一个教育工作者正视差异，笑对差异，让差异产生了巨大的学习动力。他所教的班级，没有统一的进度，有的学生两个月学完了一本教材，有的学生一个学期才学会半本书；没有统一的教学套路，他充分利用教师之间的个性差异，鼓励教师进行个性教学。教师和学生这两个差异势能，在课堂上迸发了巨大的能量，推动着每一个学生不断地向前走。

杨宝臣校长从不提倡千篇一律的教学模式，他认为教师、学生、教材、学科、教程、环境、时间都是教学变量，没有必要也不可能将这些变量构建成一个函数解析式，试图用一种模式或方法套用在每一堂课上。但是，每位教师的每一堂课，都有自己独到的教学方法，这就是说，教学有法，又无定法，贵在得法。这些方法依托先进的教学理念，促进学生自主发展，让学生学会做人，学会做事，学会交往，学会尊重。杨宝臣总结了"导、做、学、教、评"经典五字教育学策略，留给教师极大的空间，使教师创造性地提炼自己的个性教学模式与方法，逐渐将课堂引向开放的、个性化的学习共同体。

在课堂上，教学的过程是教师与学生的个性同时发展的过程，是由个性带来求异思维创新的过程，也是在真理面前达到共性认识事物的过程。这种从个性到共性的辩证关系，全方位推动认知领域科学发展。

杨宝臣的教育粗犷理论，基于课堂，发展于师生之间，归纳起来就是：

（1）提倡复杂问题简单化；

（2）提倡基础问题全员化；

（3）提倡应用问题实践化；

（4）提倡非重点问题边缘化；

（5）提倡公开教学常态化；

（6）提倡常态教学个性化；

（7）提倡文科教学理性化；

（8）提倡理科教学人文化。

具体如何实现认知系统的协调发展，杨校长建立了个性化的"十二个学会"基本策略：

（1）学会计划：教师指导学生制订适合自己的学习计划，并能规划自我。

（2）学会预习：养成预习习惯，原始地再现元认识的状态，以求继续深化。

（3）学会倾听：课堂上的声音要善于辨析，更要善于吸纳同学的发言以补充营养。

（4）学会表达：富有逻辑地阐述观点，说自己的话，条理清晰，答其所问。

（5）学会设问：大胆质疑，表述不同观点，勤学好问，虚心听答。

（6）学会自习：善于勤学勤练，养成阅读习惯，科学安排有效自习。

（7）学会自悟：养成独自思考习惯，不依赖别人，独立自主获取知识。

（8）学会反思：主动反思，善于自检自查，不断总结经验教训，鞭策自我。

（9）学会合作：杜绝排他，善于与他人研究与讨论，畅所欲言，取长补短。

（10）学会探索：在判断中定向思考，由浅入深，由表及里，发现规律。

（11）学会争辩：敢于发表不同意见，能据理力争，锻炼语言的表达力。

（12）学会创新：培养发散思维和求异思维，放松自己，打开奇思妙想的思维头脑，创造性地提出自己的见解与观点。

"差异势能教育"逐渐形成比较完整的体系。首先，对概念的界定被解读为在尊重个体差异、充分相信学生的前提下，发现差异、理解差异、调动差异、运用差异、创造差异，把差异变成学生发展的能量，实现差异由势能向动能的转化，从而建构起以自主学习为核心、以共同研究性学习为主要学习方式、让学生最大限度发展的素质教育。

"差异势能教育"的教学基本策略是"单元推进、层层剥笋"。

第一阶段"先立主干",学生独立地自学教材,及时完成简单题的练习,掌握基础,把握知识主线。

第二阶段"添枝加叶",通过中等难度题目的巩固,完善知识结构,丰盈知识细节。

第三阶段"开花结果",增强题目难度,提升分析解决问题的能力。

在新授课的课堂上,教师发挥先行组织者的角色,进行新课导入,目标导引。学生通过"自学文本—学以致用—发现问题—自主讨论—解惑答疑—巩固练习—交流分享—总结归纳"的学习环节来进行研究性学习,完成自我知识的建构。这种"层层剥笋"的学习方式,相当于教师为学生和知识间搭建台阶,使学生顺其自然,拾级而上。所以说,这样的每一堂课都是自主学习,都是研究性学习。

"差异势能教育"在教学细节中表现出极强的多样性和灵活性,教师要以尊重学生、培养学生自信为出发点,依据学生情况,创设能够产生差异的学习环境,促进学生树立"我要学""我能学""我会学"的思想和行为,从而实现了教师的精准施教、灵活施教,学生也实现了针对性强、注重过程、互帮互助的研究性学习。

二、好的教育不放弃任何后进生

（一）从"局部教改"到"差异势能教育"成型

杨宝臣的教学改革为辽宁省实验中学的师生展现了另一种教育风景，人们看到，学生们心悦诚服地欢迎杨宝臣和他的教改，上百名家长从最初的担忧到后来的全力支持……

1999年杨宝臣第一次担任初中班主任，2001年开始担任高中班主任。教学管理的层次提高了，他对教育的困惑也多了起来。在困难的日子里，杨宝臣心中始终有一个朴素的"元认知"——班主任负责的是全班学生的综合学习和全面成长，学生们都学会了、进步了，进而实现自我管理和自我激励，班主任才能向学生、家长、学校和社会交上一份满意的答卷。

杨宝臣的学生郭玉桐说："杨老师从来都不主张我们挑灯夜战，他总是教育我们：只有睡眠充足了，脑子才清醒，学习效率才会提高。为了增强同学们的身体素质，培养坚强的意志，杨老师带领我们开展'跑步健康风潮'活动。在每个大课间，杨老师总会带着我们跑圈，养成的这些习惯，让我们终身受益！"

潘博是杨宝臣多年前的学生，从中科院读完博士后，在一篇文章中，潘博回忆了当年的一幕幕。

——高中三年，自己基本没为学业操心，主要都是跟着杨老师的安排走的，很是省心。印象中晚上十点以后睡觉的次数不超过十次，全班情况大抵如此。

——杨老师以各门课程的核心知识点为中心，建立知识框架，再以此为基础构建整个知识体系，这样学生很容易掌握理解整门课程，到了考场以后也能真正把所学的知识发挥出来。

——杨老师上课讲得不多，他把教学重点放在练习上，很多知识点都是在反复练习的过程中掌握的，而且杨老师从来不让我们补课，只让我们多练习，主动完成学习过程，独立思考，真正掌握所学的东西。

从三十六岁到五十岁，杨宝臣以"坚韧大爱""虚怀若谷"的生命特质，在基础教育创新实践的天地间书写育人的华章。面对他和他的学生们，有人真心说好，也有人刻意冷落。这对于"一心为学生、两眼都不见"的杨宝臣来说，是历练，是积淀，也是福气。他能主动降下身段，站在学生立场看待教育，甚至重新做回中学生。

光阴流逝，杨宝臣认为：学生首先是人，是有尊严、有梦想的鲜活生命；育人的前提是抛掉教师的"师架子""小自我"，融入以学生成长为本的"真境界""大时空"。

杨宝臣有一个习惯，就是喜欢在教学实践中总结课堂内外学生变化的故事，与各地教育专家进行交流。他喜欢以讲故事、悟教学的形式，将复杂的教育观和育人观转化成家常话。

在反思教育的过程中，他的发现越来越多：高三的学生因面临高考等综合压力，容易陷入理想与现实、肯定与否定的矛盾中，从而产生焦虑感与自卑感。这些心理问题所带来的影响如不及时干预，将会导致其学习态度消极，对人生意义迷茫疑惑，严重的话会造成精神疾病等后果。

多年的教师工作让杨宝臣深知心理健康教育是教育内容中的重中之重，所谓的传道、授业、解惑，不仅要为学生传授文化知识，更要解开孩子们对人生的疑惑。为此，他仔细研读了大量的心理学书籍，参加心理学课程培训，并及时给那些情绪上有异常的孩子做心理疏导。因为真正走进了孩子们的内心世界，所以很多学生都说杨老师比父母还懂自己。

对于自己的教学改革创新模式，杨宝臣的体会经历了从无到有，从粗到细，从小到大的过程。随着对教育理解的加深，他的总结更加理性，对于几十年的教育创新实践体系，他认为有五个方面的理论创新：

（1）新体系实现了整体推进，循序渐进，学会再进，释放"阶段性"差异势能；

（2）新体系既培养"后起的尖子生"，又能用好"原本的尖子生"，释放"顺序性"差异势能；

（3）新体系具有灵活多样的"兵教兵"战术，释放了"双向性"差异势能；

（4）新体系能凝聚教育智慧，激发、聚集、创生"关键性"差异势能；

（5）新体系是以班主任为核心的教学管理，能有效释放"协调性"差异势能。

"很多人问我什么叫'差异势能教育'，我的认识就是：在教学中视个体内部与个体之间的差异为正能量并加以开发与利用，以提高学习效率，促进学生全面、整体发展的教学活动。"说起"差异势能教育"的科学内涵，杨宝臣如数家珍。

在他的创新体系中，"学"是将学生的自学与练习整体前移，将自主的教材阅读、教材理解、完成作业乃至习题练习等活动，作为教学过程的最初起点，既注重发挥优秀学生对班级整体的影响带动作用，又关心帮助后进学生先形成部分知识学习上的局部优势，以建立后进学生的自信心，并创设情境发挥局部优势，锻炼后进学生，最终形成真正意义上的"兵教兵"。

在"差异势能教育"中，教师的指导和引领，会使学生的自学互教能力得到不断提升，"教师少教，学生多学"的佳境会逐渐出现，最终实现"教是为了不教"。"教"要求教师关注每一个学生的个性化需求，有针对性地制定能量转化策略，切实有效地落实促进学生发展的各项教学措施。

在 2007 年 9 月，杨宝臣在辽宁省实验中学担任高一（三）班班主任、化学教师。一个学期下来，班级平均分比同样是随机分班的其他平行班高出六七十分。这时，校长找到杨宝臣，希望他能同时担任两个班的班主任，杨宝臣接受了学校的安排。兼任了高一（四）班的班主任，杨宝臣创造了当时"辽实"的一项纪录——一个人同时担任两个班班主任，且为两个班上化学课。从这一年开始，一直到 2013 年，是杨宝臣"差异势能教育"进一步接受实践考验的关键期。从原来一个班后进生单独学科的转优，到后来两个班学生全部学科的提升，这一创新模式在实践中效果如何？教学中有没有明显的障碍？学生群体成长的真实情况是什么？其他任课教师有什么难解的困惑？针对这些问题，杨宝臣都进行了深入细致地研究。在连续六年的教改实验中，他所带的班级整体优势明显，在辽宁省率先实现以班级为单位的学生整体性"学习脱困"。

（二）为了基础教育均衡发展

滨海实验中学，学校面积不大，却有鲜明的特点，体会最深的是领导班子的集体凝聚力，教师团队的务实能干和学生的互帮互助。人在校园，教育和谐之风扑面而来。教学楼内舒适温馨，进进出出的学生神态轻松，即使不到一百天就要参加高考的学生，在课后也极少闷在教室补习，他们来到走廊、门厅谈笑交流。运动场上，上午的大课间活动开始了。没有体育教师临场指挥，没有校领导值班监督，二十一个班的千余名学生自主集合，有序奔跑，阳光下的学校跃动着青春的活力。

这所学校原名是锦州市第四高级中学，从 2000 年创立起，学校连续十多年饱受生源质量差、好教师留不住之苦，升学成绩一直不理想，学生毕业能考上一所本省的二本高校，已经算是"创造奇迹"了。几任校长都期盼优质教育资源能有效留在这里，有人直言，小渔村的孩子更期盼教育公平。

2013 年，杨宝臣迎来了人生的重要转折——受辽宁省实验中学委派，来到锦州滨海新区担任教育发展总顾问，次年担任辽宁省滨海实验中学校长。

从名校的名师到薄弱校的校长，这一变化在某种程度上是"失落"或"不适"，这时的杨宝臣，内心有一种生命轨迹被彻底改变的错觉。

一所没有任何优势的"垫底"高中，一所问题甚至比学生人数还多的新校，师资力量不行，硬件条件不行，办学方向不明朗；学生经常转学到外地，师生士气低迷，连最起码的教学任务都不能如期完成……这一时期，杨宝臣感到了压力，但更多是发自内心的自信——上级安排自己来带这所学校，不正是想通过教育改革创新，给孩子们带来新的希望吗？

杨宝臣决定从整顿教学入手，真正考验"差异势能教育"的时刻来临了。

2013 年 9 月，杨宝臣在新入学的高一（八）班进行新的教改实验。他提出这个班的数学、物理、化学三个学科的教师前两年不进教室上课，让学生自主学习。说实话，这一轮实验，杨宝臣并没有十分的把握——在辽宁省实验中学，学生基础普遍较好，而滨海实验中学的学生普遍基础薄弱，"差异势能教育"在这里"水土不服"甚至"半道夭折"怎么办？

滨海实验中学于喜成副校长回忆说："说实话，我对当时杨校长的方案是持怀疑态度的。结果到了期中考试，八班物理平均成绩比其他班高出三十多分，到了期末考试，综合成绩继续领跑整个高一。这时，我理解了杨校长，开始反思我们原来教育模式的弊端。我意识到，学生基础虽薄弱，但实践证明，半数以上学生能够通过自学完成课程目标，其余两成能通过研讨解决疑难问题，最后三成需要老师及时点拨，通过设置问题链条，帮助其消化理解知识点。"

在滨海实验中学，杨宝臣通过实施"差异势能教育"有了全新发现——面对基础薄弱的学生，新体系需要全方位的拓展延伸，一方面提升后进生的学业成绩，一方面恢复他们的求知自信，通过生生之间的讨论、探究合作、互助学习，锻炼了学生的合作能力，不仅自己要会，还要教会别人。

2016 年 9 月，王瑞进入滨海实验中学高一（二）班。他的母亲杨艳秋说："原来王瑞在市区读初中时，我就听说了杨校长的教学新办法。后来考到滨海实验中学，我感觉王瑞是幸运的，这种创新特别能鼓励孩子，让后进生当老师，能改变孩子的一生。这种教育是严谨的，已经超越了教师传授书本知识的模式，变成了培养学生终生学习能力的模式。"

"我感到最欣慰的是，杨校长把孩子当成独立的人来培养，首先培养孩子有爱心。用了杨校长的方法后，孩子们变得乐于助人，甚至是心底无私，消除了一般孩子在成绩面前容易有的'羡慕嫉妒恨'的心理。"

"家长们认可了'人人皆我师'的滨海教育理念，说明杨校长是一个智者，他的教育充满了'不管而管''不教而教'的大智慧，他站在了教育的最前沿，把优质教育资源送到这里，让小渔村的孩子也能得到良好的教育。"

学生家长朱利民是典型的东北人的性格，直爽且厚道，他告诉记者："我家孩子进入滨海实验班后，变化老大了，最突出的是，俩孩子敢在公众场合发表意见，她们的学习兴趣可浓厚了。顺便说一句，孩子们再也不上课外辅导班了。在品德方面，俺家孩子经常给同学们讲题……作为家长，我发自内心地说，杨校长的水平老高了！"

在沈阳大学李伟权教授看来，"差异势能教育"是实实在在的素质教育，他认为"差异势能教育"培养了学生良好的品质，其自主学习、合作探究的教育思想，不仅提升了学生的学习能力、实践能力与创新能力，也造就了他们自信、自尊、自律、自强的良好个性，同时培养了学生乐于助人的高尚品德。在学生互相教与学的过程中，学生充分体会到了尊重与感恩、诚信与责任、友情与关爱，达到了教育的最高境界。

（三）走向未来

教育有很强的独立性，教育又是综合的体系；育人工程是"急不得"的，学校是对办学者人性与责任的双重考量。

最近几年，杨宝臣的"差异势能教育"从辽宁走向全国，每年慕名前来学习取经的人络绎不绝。面对外界，杨宝臣异常冷静，他提醒自己，鲜花掌声不是送给我个人的。无论何时，不舍弃每一个后进生，办人民满意的教育，办不愧对良心的优质教育，才是我永久的使命。

在杨宝臣的"差异势能教育"创新理论中，有两个很关键的概念，一个是后起的尖子生，一个是原本的尖子生。

后起的尖子生是指具有快速发展潜能的学生，教师对部分后进生采取先知先会、个别讲题、集体展示等多种方式，反复激发后进生的自信。同时，让这部分学生通过给其他学生讲题，发散思维，提高表达的能力，逐渐促进后进生向尖子生由量到质的转变，逼近"原本的尖子生"，进而推动班级的整体进步。

而原本的尖子生，则是通过"后起尖子生"的进步，在班级内形成"教别人就是帮自己"的理念，再培养"原本的尖子生"真心为其他同学服务，帮助其他同学进步的思想。这类尖子生能够做好协调班主任和任课教师安排课时、测试讲题、布置作业等工作，在工作过程中逐渐形成服务全班的能力。

在"差异势能教育"体系推广过程中，杨宝臣十分注重教师群体的专业质变。教师是教学改革的具体执行者，面对新的教学模式，教师首先要更新教育思想，汲取新教改的核心元素，转化过去"讲课为主"的观念，全面变革为"以学生自主学习为主"的新理念。

"我通过大量的教改实验，让更多教师理解到'差异势能教育'让教师从台前转到幕后，这不但需要教师转换思路，还要转换角色：为课堂当服务员，为学生当服务员。"杨宝臣介绍说。

滨海实验中学王维东主任说："推行这一新体系的关键是教师每一节课分不同层次进行设计，面对教学目标，教师不要求学生齐步走，不要求学生达成统一目标，只要求学生学一点儿，会一点儿，明白一点儿，教师要最大程度把时间和空间还给学生，最大程度释放学生间存在的差异势能。"

杜朋是滨海实验中学的化学教师，运用"差异势能教育"新体系后，杜朋有很多体会："进入课堂讨论环节，学生难免会遇到困难，这时教师不能立即给出答案，应该让学生查阅资料，尽量让学生间相互解决问题。教师可以通过提问等形式做出引导，切忌给学生提供过多信息，要时刻保持他们探索求知的意识。"

语文教师孙美男说："在我看来，'差异势能教育'在锻炼学生的同时也解放了教师，但这种解放并不意味着教师'无所事事'，而是让教师从原本'满堂灌'的教学模式中解放出来，教师不再拘泥于教学计划的实施与完成，而是把时间真正用在课堂的预设准备上，学生的学习过程不受束缚，教师的备课也不受约束，实现了真正意义上的教学相长。"

数学教师于旺在接受杨宝臣教育创新思想的过程中体会很深刻。我读书时接受的都是传统教育，脑子里装的也是如何把知识尽可能全面、精彩地传授给学生。然而，在接受杨校长培训时，他提倡的是教师要少讲，将时间还给学生，这与我的想法是相悖的。在教课过程中，受传统思想的影响，我的内心有过波动，尤其是学生遇到不能解决的问题向我请教时，传道授业解惑的思想又蠢蠢欲动。这时杨校长再次给我们培训，并在成绩分析中寻找我们的进步，给予我们肯定，巩固差异势能思想在我们心中的分量。

成功解决了"差异势能教育"体系中各环节的难题后，杨宝臣的教育视线投向了中国基础教育的未来。在他的世界里，"钱学森之问"一直萦绕不去：为什么中国的教育没有培养出足够数量具有重大影响的原始创新人才？

"我的教育体系倡导基础教育的全程都让学生自主探究，让学生经历最原始的阅读、思维、训练、表达过程，培养学生的原始创新能力和素养。我们的教育更应该关注人的终生可持续发展，更加关注人与社会环境、文化和经济等方面的关系，关注培养人的社会责任感和人文精神。高中是学生一生最关键的时期之一，要为每一个学生终身发展奠基，实现教育成就未来的价值功能。"杨宝臣对记者说。

杨宝臣最后表示，所谓的教学进度是学生学的进度，教学目标要以学生学会为目标。教育者对学生所取得的点滴进步都应当给予肯定和赞赏，不能因教师期望过高而学生没有达到就训斥、否定他们，不能将学生渴望进步的小火苗用一盆冷水浇灭。教师要从学生原有的起点看其是否进步了，不仅要关注学生当前的状况，用学生当前的状况与以前的状况比较，还应当对其转化给予时间上的宽容，重视其成长的过程。

三、差异势能教育

（一）差异势能教育其实就是一个教育的解放过程

"差异势能教育"主要体现在"差异"两个字上，这个差异主要有两个方面。第一是指学生之间学习能力的差异，第二是指学科之间进度不同的差异。"差异势能教育"就是利用学生学习能力的不同，采用"兵教兵"的方法，互相取长补短，同时，利用各科进度快慢的不同，让学生在一段时间内集中突破某一学科，避免各科齐头并进、学生学习负担过重的问题，把学习变成学生自己的事情，让学习真实发生在学生身上。可以说，这是对传统"满堂灌"课堂的一场革命。实际上，"差异势能教育"就如同"课堂革命"，都是对传统课堂的变革。"教，为学服务"，是这个全新课堂的理念。所有的教必须服从、服务于学，构建一个以学为中心的课堂行动模式。

"以生为本，实事求是"是"差异势能教育"思想的核心。杨宝臣期待的是：解放学生，发展学生；不唯师，不唯生；不唯教，不唯学；最终实现师生共同发展。"差异势能教育"，其实就是一个教育的解放过程。因而在"差异势能教育"的课堂上，学生是学习的主人，教师的作用在于设计与策划、组织与调动、启发与引导，点燃学生智慧之火，激发学生身心潜能。

可以说，"差异势能教育"让学生思维过程逐渐可视化，让教师从局内走到局外，最后再次回到局内；而学生也经历了从学生到老师，再到学生的角色转换。这就突破了以知识为明线、以方法为暗线的传统课型，代之以培养能力、思维及学习方法为明线，以知识、内容为暗线的课型。从知识灌输走向核心素养培养，从课时走向课程，不再急功近利，而是久久为功，源浚而泉远。

对此，杨宝臣直言："新的知识不是老师教给学生的，而是在老师引导下学生自己学会的。老师不与学生争抢话语权，相反，教师的优秀是完全依托学生的精彩而呈现。"

随着杨宝臣的"差异势能教育"从辽宁走向全国，内蒙古乌兰浩特市教育局率先于 2013 年 9 月将"差异势能教育"引入乌兰浩特地区，成立了"差异势能教育"课题组；乌市 6 所学校、51 个实验班、178 名教师及 2800 余名学生直接参与了教改实验；6 所实验校先后派出 500 余名师生到辽宁省滨海实验中学跟岗学习，极大地转变了校长和教师的教育观念。对此，第一批参与教改实验的乌兰浩特第四中学的于铁柱校长体会非常深："这种新型的教学模式把课堂还给学生，课堂活起来了，学生动起来了，效果非常好，创新教法很接地气。"而对于 2017 年 5 月才开始接触"差异势能教育"的河北隆化存瑞中学而言，短短不到一年时间，成果同样显著，不仅所有差异势能实验班级期末联考成绩都有明显提高，更有多名学生在全市联考中脱颖而出，一鸣惊人。说到"差异势能教育"带给学校的转变，存瑞中学的陶世龙老师精辟地总结为"开创了一个师生和谐共进、教学相长、管理育人、全员育人、服务育人的可持续发展新局面"。

（二）让学习在课堂上真实发生

高一（六）班的教室里，一堂化学课正在进行着。高一（六）班是"差异势能教育"的理科实验班。与一般课堂不同，这里没有老师在讲台讲课，同学们或两三人一小组，或四五人一大组，围成多个小圆圈展开讨论，孩子们的声音小而热烈。笔者仔细观察，才注意到来回穿梭在各小组间的教师，正在不断巡视，关注学生们自主讨论的进展，时而在某个小组停留一会儿，指点一二旋即转身离去。"每节课开始都会安排十来分钟，先让大家自学教材，其实有很多孩子上课前就预习了。课上先各自深化练习，再分组讨论，这样能让每个人都参与到学习中。同学们掌握的知识点不同，先掌握的为后掌握的同学讲题。只有大家都被难住时我才出场，给几个'种子选手'单独讲，他们学会了再讲给其他人。"老师介绍说。

"'差异势能教育'就像我的信仰一样，在我心里扎了根。"谈到"差异势能教育"带给自己的转变，高一（六）班邱洁（化名）眼睛里闪着光，"我永远忘不了第一次给成绩好的同学讲生物题时的那份兴奋与惊喜，'差异势能教育'给了我自信，使我不再有'后进生'的心理包袱。在讨论中大家互相讲题、互相帮助，交流的机会也很多，同学之间情谊也越来越浓，友谊越来越深！"（六）班学生李杨（化名）不无自豪地对笔者表示，以前读小学、初中时，老师就是学生学习的唯一依靠，如今靠自己就行。"看书背知识点、自己对答案、与同学讨论、思考、再讨论，我现在才懂得什么叫'为自己学'。"实际上，"差异势能教育"所提倡的学生自主学习、合作学习，也培养了学生健全的人格和健康的心理。

"杨校长总跟我们说，要培养好'小先生'，要学会'兵教兵'。"高二（二）班的班主任侯国兴则以他所教的物理学科为例，向笔者分享了差异势能班的同学进行跨年级共同学习的过程。他介绍说，新高考调整后物理教材中部分内容从选修列为必修了，现在学校就将选修部分的动量守恒定律放到高一下学期来学习。但上一届高二年级在高一下学期的时候并没有学习这章，这就出现了两个年级同时学习动量守恒定律的情况。"在杨校长和各部门的指导下，两个年级的物理课改为同时进行，恰巧，两个年级的班级相邻，于是两个年级的学生在物理课上随时去另外年级的班级里交流。"侯老师补充说，"高二年级的同学相比来说知识体系更健全一些，在共同学习中能对高一的同学有所指导，这就利用了年级的'差异势能'；反过来，有些高一学生掌握得很好，提出一些有深度的问题，也促进高二学生（尤其是薄弱生）进一步思考提升。""高二学生给高一学生答疑时老师最好在现场把控，而且最好选高二的薄弱生，这样可以培养他们的自信心。如果出现两个年级的同学都不能很好理解的问题，我会从高三年级抽调'奇兵'，让他们和这两个年级的同学共同研究，再加之老师现场把控，可以确保不留知识盲点。"侯老师娓娓道来，语气间满溢着对"差异势能教育"的信心。

谈到"差异势能教育"的"兵教兵"战术，从教二十余年的高颖更是一语中的："要相信学生，要敢于放手，放手就是爱。要允许他们在自主探索过程中走弯路，甚至迷路。老师不要急于双手奉上方法，要做好观察引导，要在修正辨别过程中让学生自己探索解决问题的方法，最终形成学习能力。"

可以说，"差异势能教育"从创新学校管理入手，实现了五个"改变"：改变学生管理方式，以"自主学习"构建起学生精细化自主管理体系；改变学生学习及解决问题的方式，引领了以合作探究为主、以"学"为中心的课堂行动模式；改变课堂教学模式，由班主任、科任教师和学生共同统筹安排各科学习进度与课后作业；改变教师的角色，通过引领、点拨、鼓励、服务，让教师在学生学习过程中由主导者变成参与者。通过以建构新型课堂教学模式为核心，以师生教学相长的课堂为平台，以培养"合格＋特色"人才为目标，以学校改革为突破口，提高了整体教育教学水平。

（三）敢于做第一个吃螃蟹的人

一个好校长首先是一个好老师。作为教改的"破冰者"，平日不善言辞的杨宝臣只有在谈到学生的可持续发展、谈到教育时话才多起来。选择教育，需要激情，更需要一份执着的情怀。时至今日他已在教育一线整整奋战了三十年。因为热爱，30 年来，杨宝臣对教育的激情从未消减。在教育一线的不同岗位上，他一路披荆斩棘，锐意创新。

"差异势能教育"起步于 1996 年辽宁省实验中学里杨宝臣的

化学课堂上。本着"一个都不能少"的原则，杨宝臣从基础最薄弱的学生入手，注重帮助后进生形成学习上的局部优势，进而指导优秀学生。通过"兵教兵"，以学生自主学习为核心，以学生自我管理为依托，以合作探究为解决问题的主要方法，改变了传统教学中的"教"与"学"。

为进一步发挥"差异势能教育"的"教"与"学"效能，2001 年，身为班主任的杨宝臣又在辽宁省实验中学高中部大胆进行以班主任为核心的班级管理体制改革，学科教师教学由班主任统筹安排、学校各职能部门管理重心直接下移到班级，以班级为服务对象，突破了管理缺位的瓶颈。班主任从学生实际出发，统筹各科教学，促进优生多学，基础薄弱生也学有所得，避免了作业聚堆，也减轻了学生心理压力与学业负担。

在多年来推行"差异势能教育"的过程中，杨宝臣直言，最大的挑战是 2013 年来到锦州执掌滨海实验中学。即便是顶着总设计师、校长的名头，当杨宝臣着手在滨海实验中学推进"差异势能教育"时，诸如构想难落地这样的困难也大大出乎他的意料。传统的评价体系、教学管理体系，家长、教师、社会的传统观念乃至学生传统的学习方法，这些都是横在"差异势能教育"探索路上的"拦路虎"，而落实的关键首先在教师。

"为什么当时让高一（八）班教师两年'不站讲台'？我就是要让教师走到学生中间去！"杨宝臣如是说。与此同时，他密切关注着学生的细微变化，时时思考、总结实践经验，提出分五步转变教师角色，更好地投入"差异势能教育"中去。一是让教师当好观察家，了解学生的性格特点和学习特点，注意学生在新模式下的变化；二是让教师当好分析家，实事求是地分析教育得失；三是让教师当好评论家，客观评价学生的学习能力和综合能力，评价新模式下的教育成果；四是让教师当好实践家，脚踏实地践行"差异势能教育"模式；五是让教师当好理论家，定期总结，及时写出新模式下参与教研工作的感受和经验，查缺补漏。"我这只能说是被逼上梁山。两年'不站讲台'，的确不是最好的实验方法和教学途径，效果也并非最好。但如果只是轰轰烈烈单方面推广'差异势能教育'，缺乏与传统课堂的对照，也还是没说服力。为了扭转教师的观念，我和同仁们只能破釜沉舟，做第一个吃螃蟹的人。"

作为当时对照实验的传统教学班，班主任石敬媛老师更是惊叹："我那个班当年高考是我校历届考取本科人数最多的，60人中有45人过了二本线。然而差异势能班的43人全部过二本线，52.3%的学生过了一本录取分数线。这样的数据让我们全校师生对杨校长的'差异势能教育'佩服至极，纷纷积极主动地加入'差异势能教育'的实验中去。"

在滨海实验中学王维东主任看来，"一个都不能少"才是"差异势能教育"思想的最可贵之处："杨校长最大的功劳，我倒不觉得是教改后学生考试成绩提高多快，考入重点校占比上升多高，而是教育面向全体学生，不放弃任何一个后进生。"差异势能教育"通过调动后进生的兴趣和潜能，引导他们寻找方向目标，重新定位人生坐标，进而培养造就了全面发展的合格公民。"

如今再重温当年"敢为天下先"的那一次教改实验，谈及这场发生在滨海实验的差异势能攻坚战，杨宝臣对笔者感慨地说："教育改革需要实践，需要时间，需要理解，更需要支持！"

（四）变革课堂，从改变教师开始

在一所学校，校长最具引领性的力量，甚至可以说校长是一所学校的灵魂。在滨海实验中学，杨宝臣身体力行地办"以生为本"的"差异势能教育"，潜移默化地感染和改变着学校的每一位教师，使学校的教师从内心生成一种强大的驱动力。在"差异势能教育"推进过程中，杨宝臣十分注重教师群体的专业质变。他深知，教师是教学改革的具体执行者，教师的观念不转变、教学模式不更新，教改就无法落地，而教师的专业成长也难以实现。在由过去"讲课为主"的观念全面变革为"学生自主学习为主"这一新理念的实践过程中，滨海实验的老师们也经历了新旧教育模式的激烈交锋。

"传统的教学模式已经固守在脑海里，这么多年也走惯了'从教材到老师、再从老师到学生'的老路，要想改变它，其实是相当困难的。"作为一位有二十多年教龄的老教师，张艳对笔者坦言，"2013年杨校长初到我们学校，成立了实验班。听说他要在课堂上采取教师'不讲'、学生自学的教学法时，我内心完全是否定的。我想教师上课那么努力地讲，孩子都没学会，不讲怎么能学会呢？"而在目睹实验班的突飞猛进以及与传统班日渐拉开的差距之后，她才开始真正反思传统教学方法的弊端与缺陷，才理解了"差异势能教育"不"满堂讲"的优势。2016年4月，张艳在征得儿子同意后，将原本在市内最好的锦州中学就读的儿子送到了当时的差异势能实验班——高三（八）班。短短两个月后，孩子最终高考成绩比"一模"提高了一百多分。兼具教师与家长双重身份的张艳，将自己对"差异势能教育"的态度转变过程概括为：全盘否定——怀疑质疑——将信将疑——深信不疑——坚定不移。

与张艳不同，从教30余年的物理教师李雪冬在"差异势能教育"推广之初，便对这一创新举措兴味盎然。"课堂上再也不死气沉沉的了，一到讨论就看见一对二、二对四地'兵教兵'，全班都动起来了。我觉得这里的核心理念就是相信学生，是还权于学生。"如何实现真正的"还权"？李雪冬总结说："最好的办法就是做好两件事：当学生遇到困难时，教师及时出面'拨云见日'，引导、激发；当学生浅尝辄止时，提出进一步的问题和疑惑，让学生更深入地思考。教师应从讲台上走下来，俯下身子，平等参与学生的研究。正像杨校长说的，要做好观察家、分析家、评论家、实践家和理论家。只有把探究的机会让给学生，让学生充分展现自己学习的过程，才能在与学生共同合作的过程中不断提高自身专业水平。"

而对英语教师侯玉茹来说，"差异势能教育"则让二十年来耕耘于三尺讲台的一位传统教师，彻底转型成了走在创新教改前沿的教育"实践者"。"是'差异势能教育'解决了我在教育教学中出现的种种困惑，在关键之时提升了我身为人师的专业素养，使我树立了新时代的教师观、学生观和育人观。"她由衷地说。从实验班落地之初，侯玉茹就不放弃任何一次去实验班听课的机会。"最大的感受是，孩子们课前自学下的功夫真的可以很深！这让固守传统教法的我大为惊讶。"而在积极参加学校组织的"差异势能教育"理论培训后，新的教育理念犹如一场风暴将她洗礼，教育的世界在她面前延展出一方新的天地。"教师不再是高高在上，而是学生的朋友与助手；将学习的时空充分交给学生，让学生主动想学、去学、能学、会学，进而学会、学好；鼓励帮助学生自我教育、自我管理、学会做人、德才共进……"侯玉茹本着用心去听、用心去学、用心去思考的原则，将她对"差异势能教育"的所观所行、所思所感用文字记录下来，并先后在辽宁省基础教育论坛、差异势能高峰论坛等教育学术会议上交流推介，真正践行了杨宝臣对教师提出的"做好理论家、实践家"的要求。

推行"差异势能教育"的关键，是教师要针对每一节课、每一学科分不同层次进行设计。对老师而言，最关键的在于帮助学生完成原始的阅读、思考、运算、试错、重新思考、解决问题的全过程，老师起到的是掌控节奏、适时介入、积极引导的作用，让学生形成创新思维，锻炼其综合能力，这对教师的专业技能提出了更高的要求，但也能节约大量的人力、物力、财力。

"思路开阔理念新，积极探索力度大，自主合作意识强，扎实操作见成效。"这是辽宁省基础教育教研培训中心的专家们对滨海实验中学教改给出的评语。实施"差异势能教育"以来，滨海实验中学发生了深刻的变化，取得了显著的成绩，堪称当今基础教育从低谷崛起的典型。从锦州17所高级中学里排名垫底到名列锦州前列，这表明"差异势能教育"得到了社会的认可、老百姓的认可。

教育，不是注满一桶水，而是点燃一团火。

正如滨海实验中学的高颖老师所感慨的："鸡蛋从内部打破才是生命！'差异势能教育'就是点燃了孩子们'我要学习'的热情之火，同时也点燃了我创新教育的激情之火。""差异势能教育"可以说是一种真正意义上幸福而完整的教育生活。辽宁省滨海实验中学的学生是幸福的，他们在学习中积累了自信，在活动中品尝了快乐，在互助中学会了感恩，在成长中理解了责任。

第二节　武佳红案例分析

一、武佳红职业经历

武佳红，辽宁省沈阳市尚品东越学校校长，曾任辽宁省沈阳市大东区辽沈街第二小学校长，教育硕士，中学高级教师。先后获得辽宁省科技工作先进个人、辽宁省骨干校长、沈阳市教育专家、沈阳市优秀校长、沈阳市优秀教育工作者、沈阳市骨干校长、"辽宁五一劳动奖章"荣誉称号。2015 年成为辽宁省小学语文学科教育教学用书编审专家，2017 年被评为中国好校长。她深入开展以脑科学为依据、以启发潜能教育为理论基础的课程教学改革，提高学生的学习力，带领学校发展成为辽宁省课改示范校；本着内涵与形式相统一、传承与创新相统一的原则，积极开展科技教育活动，培养学生的科学精神，带领学校成为全国首批科技特色学校。

从事教育工作以来，她将自己的青春全部奉献给了教育事业。而今看着孩子们纯真的笑脸、家长们期盼的眼神，她仍然深感责任重大。在当今快节奏的社会生活中，打造一所柏拉图式的漫学园，让孩子们按照身心发展规律快乐地成长，是她最大的愿望。

（一）覃思务本创建漫学园

在辽沈街第二小学担任校长期间，她通过带领教师们对学校课程进行改革创新，让一所薄弱学校发展成了一所集团学校。

自 2019 年 7 月开始，她又担任了刚刚建成的九年一贯制全日制公立学校尚品东越学校校长兼党支部书记。面对当今快节奏的社会生活，武佳红校长反其道而行之，她提出"学习是最高雅的事，成长是最美的诗"，她提倡教师应把学生带到情境中去，让学生观察、体验、探索，进行浪漫式的学习。

她秉承着"办适合的教育，做最好的自己，以成长的心智引领心智的成长"这一办学理念，不断地学习汇聚外部先进教育智慧，整合校内集体智慧，为学生打造了一所温馨友善的"漫学园"，实现了 3.0 版的未来学校新样态。

（二）躬身教育深耕漫学园

她是校长，同时也是一名业务精湛的教研人，她坚持在一线听课，坚持蹲点学科教学，在各科教学领域深透钻研，基于教育神经科学理论打磨教师们的课堂教学如行云流水般丰富而灵动，深得学生们喜欢。她潜心教育科研，多次主持、参与省市级课题的研究，是学校教研教改的领军人物，在教育教学及科研道路上绽放出灿烂的花朵。

她认为教师是学校发展的生力军，她尊重、关爱每一位教师，真心希望每位教师都能获得归属感、成就感和幸福感。她跟教师们一起深耕课堂，给予教师们职业规划指导，为教师们提供锻炼发展平台，促进教师们专业成长，使其尽可能地展翅高飞。十余名年轻教师都在武校长的关爱下不断刷新自己的成绩，蜕变成长为学校的中坚力量。她主管的三个校区培养出一批批优秀的管理干部，涌现出很多骨干教师、学科带头人。她常勉励大家：让我们在最美好的年华，做好该做的事儿，不负春光，不负韶华。

2021 年大东区引入智慧教育，尚品东越学校成为智慧教育首批试点校，率先引入了 5G 移动网络，配备了智能学习终端、智能物联终端、AI 智慧书法、创新教室及语音教室等智能教育设备。这样的契机和平台，让她立志将学校打造为一所面向世界、面向未来的现代化学校，并提出了让学校的空间更具文化性、更贴近课程和更智慧，让每一位师生都能健康成长的思路。

多年的工作实践，使她形成了独特的办学思想和管理风格，这一办学思想和管理风格，促进了教师团队的整体提升，教师队伍成了高绩效团队，学校也成了北师大亚太国际组织校长和教师的培训基地。她带动工作室和基地校成员共同成长，充分发挥了专家型校长的影响力和辐射作用。

（三）追求不止福泽漫学园

刚接触智慧教育时为了让孩子们能更快地在智慧教育中获益，

她没有休息过一天，带领全体教师开始深耕这片未知的领域。为了快速掌握智慧教育的要义，她全程参加智慧教育各学科教师培训，同时带领教师在课堂上实践探索，研课、听课、评课，不断改进教学方法，寻求教育效果的最优化。遇到困难时，和教师们一起咨询专家，逐个攻破难题，并挖掘出更多的功能辅助教学，最大程度地让漫学园的师生们在智慧教育中受益。

武校长把每个学生都视为学校工作的中心，智慧教育的引入和广泛使用真正促进了因材施教，智慧教育引导教师关注每个孩子的特长，让孩子们的个性得到了充分的释放和发展。

除了文化课学习，她鼓励孩子们尽情展示自我。有擅长体育的，有擅长舞蹈的，也有擅长美术的。她就在学校的文化墙上给孩子们设立一个个"吉尼斯纪录"，鼓励他们不断超越自己，成就自己。

她更关注孩子的身心健康，在体育运动中利用智能手环收集孩子们的体能数据，再根据孩子们不同的体能特点设计不同的运动方案，让每一位孩子都能得到充分的锻炼和保护。

她喜欢读书，更喜欢带领教师、家长和学生们共同读书，让书香伴随学生成长。她推崇适合的教育，让学生、班级、学校在一种自然的生态中发展，让学生得到深度的浸润与成长。

愿历尽千帆，归来仍少年。作为教育人，武校长那份初心、那份热爱、那种澄澈清明最是动人。她正在坚定而智慧地向前走去，去追求心中矢志不渝的美好教育信念。

二、智慧教育助力教学活动设计

作为辽宁省省会城市，沈阳市凭借其作为全省政治、经济、文化、交通中心的优势，吸引了大批教育资源和先进教育理念。坐落于沈阳市大东区的尚品东越学校，便是资源的受益者之一。

成立于 2019 年的沈阳市尚品东越学校，是一所九年一贯制学校，拥有着先进的教育理念、高素质的师资队伍和高标准的硬件设施。学校以"努力为学生打造一所促进学生终身成长的'漫学园'，为孩子们珍藏成长的时光"为办学目标，以"培养温暖灵慧的终身学习者"为育人目标，形成了学校的"漫文化"。

（一）融入智能信息技术，探索育人新模式

当你走进尚品东越学校时，你会看到这样的场景：普通课堂上，学生人手一台平板电脑与老师进行互动、学习；创新实验课上，学生通过与机器人"小飞"的互动，真实感受智能技术；智慧操场上，老师通过学生手臂上的臂带实时监测学生健康状况……这些场景仅仅是尚品东越学校智慧教育的缩影。

作为大东区智慧教育试点校，学校通过将信息技术与学校教育教学进行深度融合，形成了基于信息化教育教学的"漫文化"融合创新模式。并在此基础上，开启了将智慧教育作为落实"双

减"、促进学生全面发展、推动"幸福教育"落地的实践探索，以"漫文化"引领、打造幸福智慧校园。

每周二和周四下午 4 点半的铃声一响，学生们纷纷投入各自的特色课程活动中。操场上、舞蹈房、AI 教室……到处是学生们欢快的身影。学校把"漫文化"理念融入课后服务，创新开展自主研修、个性化课程和实践体验三方面活动，采用走班上课、分层教学等新模式，为学生量身定制个性化学习方案；开设劳动类、体育类、艺术类、科技类、中华优秀传统文化类、其他类六大类 51 门课程，构建了 120 个供学生选择的个性化课程，学生根据自己的兴趣在个性化课后服务平台"点餐"，在活动中培养兴趣、发展特长、陶冶情操，实现"五育并举"。

（二）开启智慧课堂，促进教育教学高质量发展

课堂是实施教育教学的主阵地，只有提高课堂教学效率，才能提升学生综合素质，实现教育教学高质量发展的目标。对此，尚品东越学校在国家课程、校本课程、个性化服务课程等方面植入了人工智能技术，通过智慧课堂提升教学质量，促进学生全面发展。

"学校通过把平板电脑教学和智学网数据分析深度融合，将秒知学情从理想变为了现实。"尚品东越学校武佳红校长表示，学校已在初中学段运用学情统计功能对学生进行一对一精准教学。

　　校园是人才培养的基地，也是师生幸福成长的乐园。学校多措并举，广搭平台——AI 名校网络协同教研平台，集教学数据资源汇集、教育监督管理布局、教师教研能力提升于一体，轻松实现异地同步研修、掌上集体备课、云端专题研讨，跨学校、跨学科共享；AI 英语教考平台，推进英语学科开展常态化听说教学；个性化 AI 智慧学平台，减轻教师批改作业的负担；AI 学生综合素养评价平台，通过学生智慧课堂终端——平板电脑，在使用过程中及时记录数据，每学期生成属于学生自己的可视化、个性化的电子版成长手册，促进学生全面发展。同时，学校把提升教师的心智力作为构筑师生幸福人生的抓手，构建幸福的"π"型教师队伍，实现教师与学生共同智慧地成长。

　　例如，在生物课上，李雪菲老师经常运用"全班作答"功能，限时作答，一键表扬，一秒统计正确率，根据作答情况再有针对性地进行讲解。

　　而在地理课上，为了让学生掌握"天气"概念，识别天气符号和天气图，张家豪老师通过设计"谁是司天监"课堂情境，引导学生运用"线上讨论""画廊活动""小组比拼"等功能，调动学生学习热情，让学生积极争做"司天监"，真正实现了高效课堂。

　　英语课上，教师通过翻翻卡、连连看等功能高效利用平板电脑进行师生互动；信息技术课上，教师通过构建多媒体、沉浸式教学情境，一秒将课堂变为"天文台""博物馆"。

"同传统课堂相比，之前需要绞尽脑汁调动学生学习的主动性，现在通过智慧课堂，不仅改变了授课模式，更让孩子们能够主动获取知识，提高了课堂效率和质量。"张家豪老师说了自己对智慧课堂的感受。作为一名初中老师，他已经在课前备课、课中授课、课后作业全流程中体验到了智慧课堂带来的便捷、高效。

（三）践行"双减"政策，助力师生幸福成长

尚品东越学校建有二十四节气广场、科技创新实验室、智慧书法教室、生态园、实验室、图书馆、音乐厅等学园空间，实现了"时时学习，处处成长"的新型学习模式；学生使用智能终端的讨论互动功能，师生之间、生生之间、师师之间思想争鸣、思维共振，教师们乐教、学生们乐学，创建了温馨友善、安全舒适的校园环境，助力幸福教育落地生根。

"设置快速向前 10 厘米，在 10 的地方选择编辑到 100。"在沈阳市尚品东越学校 AI 创新实验室内，卞景申老师正在指导学生对机器人的运行距离进行编程。创新实验课是学校众多课后服务项目之一，也是学生们最喜欢的课程。

孩子们在活动中培养兴趣、发展特长、陶冶情操，实现"五育"并举。没有了繁重的作业负担，取而代之的是丰富多彩的课外活动，孩子们脸上挂满了灿烂的笑容。

除学生以外，学校同样关注"互联网＋"背景下的教师成长，为教师设计了依托信息化技术的智慧化教研平台，不仅可以实现教研 AI 共建共享，还可以实现异地同步研修，以集体备课、专题研讨等方式，实现"老带新"，办学质量得以提升、教师得以发展。对于平均年龄只有 29 岁的年轻教师队伍来说，这无疑是幸福的。

"办适合的教育，做最好的自己，以成长的心智引领心智的成长。"尚品东越学校在漫文化与智慧教育的共同实践中，正在幸福教育的道路上不断探索着，不断努力着，让人工智能技术与学校的教育教学深度融合，真正助力"双减"，推动大东"幸福教育"落地生根。

三、智慧教育助力作业顶层设计

面对写作业这一棘手的教育难题，尚品东越学校教师通过智慧作业平台布置预习内容，学生利用"AI 智慧学"系统在家进行知识点预习，并进行自主测评，"学情诊断中心"将学生掌握的知识点情况汇总推送给教师，教师根据标准判断是否需要强化训练，严格控制作业总量、时长和难度，为学生精准布置适当、适量的个性化作业。例如，听写生词的作业，教师通过智能终端（平台）推送给学生，学生回家之后通过平板电脑来听写，写完之后一键上传，系统自动批改。这既减轻了教师批改作业的负担，同时也避免了给家长留听写作业，而且反馈及时，精准对标学生的个体差异，体现了因材施教的教育理念。减轻作业负担是"双减"政策的重点之一，也是加强中小学生"五项管理"的重要环节。那么如何提高作业设计水平，在"压总量、控时间"的基础上，注重"调结构、提质量"，成为各校关注的焦点。但在沈阳市尚品东越学校，通过人工智能聚焦作业顶层设计，为学生带来了精准高效、实用有趣的作业体验。

（一）用"智慧"破局，作业精准又高效

在尚品东越学校校长武佳红看来，通过大量刷题来巩固学科知识，虽然会让学生的成绩有所提高，但是过量、重复地机械刷题会伤害学生的求知欲，不利于学生个性发展。而且教师也不能清楚地了解每一位学生的学习动态。这让她意识到：如何把学生从重复、低效的作业设置中解放出来，逐个击破知识薄弱点，让作业精准高效，是摆在学校面前的一道难题。

2021年，沈阳市大东区启动智慧学校建设项目。经过多方考察和了解，武佳红发现智慧教育"因材施教"的教育理念与学校教学思想高度契合，这或许是破局的新契机。于是在教育局的引领和指导下，学校开始全面推广应用智慧教育，确定了分类推进、动态管理、因材施教的科学培养模式。

经过一段时间的熟悉内化，学校逐渐摸索出一套基于智慧课

堂的个性化作业模式。通过智慧课堂平台，课前推送学习资源，依据预习情况反馈，灵活调整课堂侧重点，完善教学设计；课中借助丰富互动形式，提高学生课上积极性、互动性；课后，基于系统的全场景学情数据采集，针对不同学生的新授课薄弱点，进行个性化推荐。

与传统的作业模式相比，基于智慧课堂的个性化作业，实现了"题海战术"向"靶向作业"的转变，构建了"先学后教、以学定教"的精准教学闭环。

"以学生为中心的作业设计，哪里不会做哪里，而这在原来的教学中是困难的。但现在学生们有没有学会、会的程度如何，通过手中平板电脑都可以一目了然。"惊喜之下，学校开始全面深化应用，智慧教育的征程由此开启。

（二）提高作业设计水平，培育幸福"东越人"

初中阶段是学生学习的关键期，为进一步满足寒假期间学生们自主学习的需要，学校多次组织教学研讨，最终决定让学生把平板电脑带回家开展自主学特色寒假作业，将智慧教育从校内延续到校外。

不同于进行全册知识点学习的传统寒假作业，东越教师们首先根据学生平板电脑上的知识图谱梳理了对应学科的全册关联知识点，并根据每个知识点的内在联系进一步构建知识框架，将新学期第一单元知识点与上册关联知识点进行联系匹配，设置专项练习，让学生在寒假期间既能巩固原有知识点，又能强化对新知识点的学习。其实每道题考查的知识点和学科能力都是不同的，所以孩子再遇到同类型题依然可能出错，但通过将新旧知识点进行梳理结合，有针对性地击破薄弱点，减少了低效重复练习，让孩子的寒假作业减半，效果倍增。

不仅如此，同样感到减负增效的还有学校教师们。相较以往的开学，老师最担心的就是孩子不能及时进入学习状态，但现在借助平板电脑的作业管理模块，老师得以对学生的课后、假期学习情况进行有效监测。"假期里，打开平板电脑，定时定量地完成练习，学生的注意力会更集中。尤其对于自驱力较弱的学生，帮他们养成好的学习习惯是重点所在。"王冬雪老师说，"有了技术工具辅助，更多学生能够保持相对稳定的学习节奏，规避开学后的成绩波动。"

据了解，此次学校寒假作业平均每个知识点作答 3.8 次，平均学习时间为 56 分钟，累计识别共性薄弱知识点 13 个，为新学期教育教学提供了坚实的数据基础。通过寒假作业设计的创新尝试，沉淀出"123"特色作业模式，学校计划将该模式推广贯穿整个学期使用。

立于"十四五"奠基之年，尚品东越学校又站在了新的起点。武佳红表示，教育应该给孩子和老师们带来幸福，她相信在大东区智慧教育"1 + 1 + 3"科学发展指导下，学校将进一步提升教育教学质量，让更多学生享受优质均衡的教育。

第三节　刘军案例分析

一、刘军职业经历

刘军，男，汉族，中共党员，生于 1971 年 9 月，数学本科、教育管理研究生学历，中学高级职称。先后被授予中国好校长、辽宁省专家型名校长、辽宁省好校长、辽宁省市区骨干校长的荣誉称号；担任全国教育专家指导中心中学课改实验基地理事会副理事长、全国中小学德育骨干、辽宁省学科教研核心团队核心骨干、辽宁省教育学会传统文化教育专业委员会理事长、辽宁省教育学会"差异势能教育"专业委员会常务副会长、辽宁省教育学会立项课题评审专家。先后担任辽宁省政府教育督导办督学、皇姑区政府教育督导办主任、皇姑区招考办书记和主任、沈阳市第十二中学校长等一把手职务；曾兼任辽宁、河北、河南、内蒙古、山东、江苏、四川、广东和海南等地一些学校发展顾问。主持完成国家和省级科研课题 10 余项，并获得一等奖或优秀奖，发表优秀学术成果 20 余篇，创立的"慧人教育"荣获辽宁省首届教学成果奖（全国极少的全新育人模式类创新教学成果），并参展第四届和第五届中国教育创新成果公益博览会，著有《慧人教育——教育改革的本土化解码》《慧学习——联结传统与未来的教学改革的本土化解码》《慧管理——教育管理改革的本土化解码》等专著。

从师范院校毕业至今，刘军校长在他热爱不渝的教育领域已深耕二十余年。其间，他当过一专多能的"全科"教师、班主任，做过师生喜爱的德育主任，还当过督学和校长，特别是在皇姑区政府教育督导室任职和在辽宁省政府教育督导团办公室挂职锻炼的九年时间里，他先后调研、检查、考察、参观了省内外一千七百余所各级各类学校。丰富的实践过程为他形成独到的慧人教育思想打下了坚实的基础，比如针对班主任的作用，他就曾说过"班主任是学校教育教学的中坚力量，培养一位优秀的班主任，就等于培养一个优秀的班集体"，又说过"一位好班主任就是一位好校长，培养一位好班主任就等于为未来培养一位好校长"。正是反复的实践和鲜活深刻的感悟，使他倾心培育的"慧人教育"这棵大树不断结出丰硕的果实。

2014年8月，时任皇姑区招考办书记的刘军主动要求回到当时面临困境的沈阳市第十二中学工作。作为新任校长，他以敢于担当的勇气和不断探索的精神，开始了对十二中学的革新再造。他以"慎独"为切入点，以学校常规管理为突破口，以中华优秀传统文化为思想引领，建立十二中学的文化自信，促进十二中人的精神成长。他通过建立科学的一日常规，从培养包括学生坐姿、立姿、行姿、写姿、心姿在内的"五姿"和发展包括学生体力、心力、定力、智力在内的"四力"开始，相继实施了"塑形铸魂""慧管理"和"慧学课堂"等具体的教育教学模式，使得十二中学的整体面貌，尤其是那些过去只能被定性为萎靡学生的精神面貌，发生了令人瞩目的变化。正是在这种不断探索精神的激励下，"慧人教育"的育人方法与管理方式，不仅作为一种教育理念，更作为一个相对完善且可以不断发展的具有较强可操作性的教育体系，日渐成熟地建立起来了。

二、小组互助竞争管理

（一）学生有据可循，组内共同提高

俗话说得好：良好的习惯是人一生的财富。为了帮助学生养成良好的习惯，学校对学生的每一项要求都制定详细的评比细则，以利于学生掌握和老师指导，在"小组互助竞争管理"的过程中，学校的任何一项评比都是以小组为单位进行的，小组内 4 名同学为一个整体参加评比，即"组内互助、组间竞争"。

针对学生不按时完成作业的现象，学校的《小组互助竞争管理量化考核评估细则》提出了明确要求，细化了奖惩机制，让学生知道应该如何去做，做不到会承担怎样的后果。对于自觉性较

差的学生，此时组内监督会发挥作用，组内的其他同学为了小组的荣誉会主动监督其完成作业，久而久之，好习惯自然也就养成了。在上学期期末的家长座谈会上，家长纷纷提到了一个"奇怪"的变化：过去放学回家，不论怎么督促，孩子都不肯把作业本拿出来，现在竟然每天主动完成作业了，学习成绩也提高了。

细化的要求、明确的奖励和惩罚机制及小组成员间亲密的合作使学生的变化有据可循，变压力为动力，学习活力明显增强，加之学校严格的检查和及时的鼓励，学生才得以在短期内养成良好的习惯。

（二）以赛促练，多元提升

为了让学生养成良好的行为习惯，刘军下到班级中召开班级干部培训会，为学生示范规范的五姿，并组织德育处、教务处在课下和课上分别进行检查评比，坚持"每天检查、每天通报、每周评比、每月奖励"，并要求班级将学校的通报和奖励具体到每一个人，作为班级小组评比的重要内容，这样做使得学生整体精神风貌焕然一新。

同时为了巩固已取得的成果，学校不失时机地开展各项具体活动，并将活动成绩计入班级量化考核当中。

例如：学生坐姿写字大赛，军训，课间操评比，仰卧起坐、引体向上大赛，无声走廊，最美教室评比等。学校将这些活动贯穿于学生学习生活的始终，通过竞赛的形式，激发学生的参与热情，良好的行为习惯在过程中潜移默化地形成了。

随着学校知名度的不断提升，省内外到十二中学参观学习的同仁络绎不绝。专家们在看到十二中学学生的日常表现时不禁感叹："这是一所名校吗？这里的学生行为习惯太棒了！"此时，学校的领导和老师总是露出自豪的微笑，因为大家深知，好的行为习惯不仅仅是学校的一张名片，更是可以让学生受用终身的最宝贵的财富。

（三）注重激励，树立自信

美国哈佛大学威廉·詹姆斯教授在对员工激励的研究中发现，按时计酬的分配制度仅能让员工发挥20%到30%的能力，如果受到充分的激励的话，员工的能力可以发挥出80%到90%，两种情况之间60%的差距就是有效激励的结果。小组互助竞争管理模式充分利用了这一点，利用奖励机制满足人性中每个人都需要被认可的心理需求，考虑到了人的不同差异，使小组形成一个利益共同体，一荣俱荣，一损俱损。学校将这种商业中常见的模式运用到学校管理中，当良好的习惯形成之后，养成教育自然会获得成功。

学校激发学生兴趣、培养学生自信心的另一个渠道是丰富多彩的社团活动。在社团里，学生不仅培养了一技之长，更增强了自信。"白银河"文学社主办的"少年·阅读·世界"大型公益活动，邀请到了曾任国际儿童读物联盟主席、国际安徒生奖评委会主席的帕奇·亚当娜，国际儿童读物联盟副主席张明舟，著名儿童文学作家薛涛等多位国际知名文学家，国内各大媒体更是竞相报道；在2016、2017年机器人社团的学生连续两年代表辽宁省参加国家物流机器人比赛，分别获初中组一、二等奖；语言文字社团的学生代表皇姑区参加沈阳市首届汉字听写大赛获得三等奖；广播站的学生更受邀担任皇姑屯事件博物馆的小解说员，为各级各界前来参观的嘉宾服务；书法社团的小书法家们更是在省市乃至全国各级比赛中拔得头筹；咏春拳社团的学生在全区进行展示；由于学校学生坚持长跑并积极参与足球、排球等体育活动，学校在国家体育测试中取得了优异的成绩。十二中学被辽宁儿童文学学会命名为"小作家培训基地"，被辽宁少年儿童出版社命名为"小读者活动基地"。

如今，十二中学的学生文明守礼、乐观向上，他们拥有自信且懂得感恩。在感恩节当天，刘军曾收到了一张特殊的贺卡，是用一张彩纸精心剪成的星星，上面写着一行整齐的小字："校长爸爸：非常幸运，我能够来到沈阳，能够走进十二中学。因为现在，我拥有了两个爸爸，他们都那么爱我！"

与此同时，学校也收获了累累硕果。2013年7月，学校被沈阳市确立为百所内涵提升校；2014年，被评为沈阳市新教育实验校、沈阳市家长学校示范校；2015 年，被命名为全国新教育实验学校；2016 年，被评为皇姑区最佳德育名片、价值阅读示范学校。如今，十二中学谨守"慎独、慧学、互助、竞上"的理念，以"小组互助竞争管理"为先导，突出书法、阅读、写作、武术等办学特色，得到社会各界的广泛认可，成为一所名副其实的"百姓身边的好学校"。

（四）贵在坚持，促进沟通

造就伟大事业的不是力量，而是坚持。十二中学开展养成教育之所以成功，最重要的因素亦是如此。学校在开展行为习惯养成教育过程中遇到的阻碍很大，也受到了很强烈的抵触，这种抵触来自学生，来自家长，也来自教师。在刚刚推行每天早晨的励志演讲时，教师、学生和家长的抵触情绪很大，教师认为增加了工作量，学生认为是巨大的负担，家长认为是可有可无的空架子。刘军和领导班子成员坚持每天下到班级检查，有做得好的班级及时鼓励，树立典型。如今，教师看到学生的表达和阅读能力提升了，学生在演讲中找到自信了，家长发现孩子的变化了。目前，100% 的班级能够坚持每天进行励志演讲，80% 的学生可以做到脱稿演讲。

在治理校外扰校团伙这一顽疾时，校领导班子坚持两年如一日，做到兜得住，管得牢，常抓不懈。学校每天有值班领导在上学、放学等学生集中出入的时间负责校门安全巡查，德育处人员坚持每天到学校周围巡逻，刘军校长本人更是坚持每天"接孩子们上学""送孩子们放学"。对于"重点学生"，采用"明察"和"暗访"相结合的方式，有时通过家访形式和学生一起回家，有时悄悄护送学生回家，避免他们和社会不良青年接触。经过不断努力，学校不仅彻底肃清了校门前的扰校团伙，连学校周边地区的社会青年都不见了，因为他们知道十二中学的老师是无处不在的。学校周围环境和风气的改善，学生精神面貌的提升，大大缓和了学校和周围居民的关系，过去破坏学校设施的现象不见了。原来，家长们"谈十二色变"，现在，他们纷纷愿意把孩子送到十二中学来上学，这说明学校在很大程度上得到了社会的认可。

（五）自主管理，化有形为无形

学生自主管理旨在强调尊重学生的主体地位，"自主成长"更是陶行知教育思想的精髓。"自主"作为一种教育理念和新课改积极倡导的学习方式，是教育"以人为本""尊重生命"的集中体现。因此，十二中学学生自主管理"坚持低起点切入，小目标实施，分层次推进，多渠道展开"，发挥学生的主体性，突出"抓近、抓小、抓实"，使学生在生活上会自理，学习上会自主，行为上会自律，促进学生的全面发展。比如，在班级管理中，刘军要求班主任充分"放手"让学生去当"官"，管花草的有"花长"，管桌椅的有"桌长"，管窗帘的有"帘长"，还有台长、灯长、机长、保洁长、图书馆长……全民皆"官"，学生的主动性、责任心、责任感及创造性得以被激发，学习落后的学生有了自信，同样感受到了存在的价值。

"小组互助竞争管理"不是对学生天性的泯灭，而是对他们潜能的激发。好的管理是建立在师生相互理解和信任基础之上的心灵感应，它不是一方对另一方的压服，也不是日常生活中的"循规蹈矩"。只有管理者和被管理者心心相印，才会有教育的创造、快乐、富足以及双方的共同成长，从而实现十二中学"五星班级"管理的最终目标——境界管理。

学生行为习惯养成教育是一项系统的工程，它需要所有教育工作者用教育的智慧、满满的爱心及科学的方法不断地激励与培养。十二中学的"小组互助竞争管理"作为学校的一项管理特色，不仅在学生行为习惯养成方面起到了积极的推动作用，而且在学生的学习主动性、家长与学校的积极配合等方面也具有独特的作用，该管理模式还得到了省内外专家的广泛认可。在今后的教育教学实践中，学校会不断对"小组互助竞争管理"进行完善，本着"以人为本"的原则引导全校师生自主发展，使教师成为有崇高理想、坚定信念和执着追求的幸福教育者，让学生成为心怀远大抱负的栋梁之材。

三、慧学习

（一）渊源有自，讨类知原

《慧学习》作为《慧人教育》的重要组织架构之一，源于《慧人教育》的科学理念，成长于《慧人教育》的科学实践，成熟于《慧人教育》对学习的科学认知。其实在《慧人教育》五大架构中，慧铸魂是《慧人教育》之基。而我之所以先写《慧学习》，是因为目睹太多育人者的盲从，甚至不惜牺牲自己和孩子的健康与幸福来舍本求末，这是方向问题、导向问题，解决它们迫在眉睫，因此我要先谈一谈《慧学习》，更希望大家可以通过《慧学习》思之以例，获之以法，行之以教。

中国具有独特的文化传统、独特的历史命运、独特的基本国情，注定了我们必须走适合自己特点的发展道路。一个民族的强大需要伟大的灵魂做根基，历尽沧桑而留存至今的经典古籍里蕴含的智慧是优秀的民族精神，是中国教育的法宝。刘军努力研读这些经典，将其教育理念和方法创造性地转化成《慧学习》的方式方法，并与近现代先进的教育理念相融合，辩证地应用于教育、教学和管理实践之中，用"慎独"塑形、铸魂，用"慧学"实践、静悟，达到自主、慧智的目的，引领学习者快乐学习、自主学习、终身学习，实现慎独慧学，自主发展，真正成为社会主义新时代的建设者和接班人。

（二）蹙金结绣，共同发展

本书从"慧学习"的知行历程、文化思脉、理念构建、发展目标、实施途径、评价体系、基本保障等方面展开，从不同角度，不同层次阐释了"慧学习"育人理念和实践方法。"慧学习"是用智慧学习，学习出智慧。"塑形铸魂、自主探究、静悟慧智"是"慧学习"的宗旨。"塑形铸魂"是根据行为、思维和修为相互作用而提出并实践的原理。在人的主要成长期里，在14岁之前，尤其是3到7岁之间，主要从培养孩子的良好行为习惯入手，进而培养其正确的思维和高尚的修为习惯，使其最终能在正确的思维和高尚修为的把控下，行为良好。在学校这样的集体教育环境中，我们以"整体行为规范个体行为"为原则，在良好的行为氛围中培养思维和修为。例如刘军校长在慧人教育实验校规范"五姿"、培养"四力"塑形铸魂。尤其把"铸魂"真正上升到精神层面，以"塑形"为根基，以"五慎"养成为目标，提高他们的自律能力和自我修养，涵养胸怀，涤荡心胸，德之大道，行其天下，强调在塑造生魂、师魂、校魂中，培养家风、社风、民风。只有为学习者和育人者营造出这样良好的内因和外因环境，学习者和育人者才能在实践中探究，在探究中静悟，在静悟中创新，逐渐形成学习者和育人者自觉、自主学习的意识、能力和习惯，进而达到自主静悟、自主慧智和自主发展的育人目的，最终形成以塑形铸魂为基础，以自主探究为途径，以静悟慧智为目标的教育模式。

"自主"能力培养也是多元的，重点在自主规划、自主探究、自主管理、自主学习、自主评价、自主发展等方面；在学习实践过程中，以学校教育的"慧学课堂"为渠道，以"测、导、学、竞、思"为基本教学环节，以"复、预、究、竞、悟"为自主学习方式。"慧学习"让学习者在学习过程中体验探究知识的乐趣和成功的喜悦，让学习者在学习的成就中获得自信，进而培养他们自主学习和终身学习的意识、习惯和能力。在学习者有形有魂，又能在实践中自主探究的基础上培养其反思的习惯，时间久了就养成了静悟的品质了，这才能真正达到我们从知识与文化、方法与技能、道德与观念等方面进行"慧智"的目的，这是学生、家长、教师三方相互作用和共同成长的结果。

（三）形德兼备，慧学致远

一个人的学习历程，一是要形德兼备，二是要志坚道正，三是要寻法悟道。有形才能生德，德立方能铸魂，尚志方有力量，有法方能生趣。有了这些良好的根基，才能会学习，进而慧学习。

人无德不立，育人的根本在于立德。这是人才培养的辩证法。一提学习，很多人认为就是学习文化知识，实践证明这是错误的。我们必须明确，学习首先要学习做人，获得精神愉悦，《慧人教育》把这个过程叫做塑形铸魂，只有形塑好了，魂铸好了，才能自主学习，才能可持续学习，才能自主发展。所以，学习不只是学习，悟道不只是悟道，成长不只是成长，它们是相辅相成、互相作用、互相促进的有机育人结构。德从行中出，慧从德中来，智从慧中升。一个人无才可以生存，但是无德绝对无法立世。自古以来，在中华优秀传统文化的熏陶和浸染下，拥有大智慧的人往往都是那些向道德顶礼、向学习发问、向梦想冲锋的人。所以刘军在育人实践中不断强调："学习"是次之的思考，立德是最高境界，只有学会做人，学会做事，才能学会学习，才能终身自主学习，才能主宰自己，成就智慧且快乐的人生。他希望以此唤醒那些只顾拼命逼孩子补课学习的人，让他们明白，行德兼备不但是学习的动力，也是学习的保障，更是学习的航标。

（四）以学为乐，笃学不倦

少年辛苦终身事，莫向光阴惰寸功。抓住了学习的关键，那该如何去开展学习并乐此不疲呢？学习可能是一个人终身的兴趣爱好，也可能是一个人的精神负担，这主要取决于自己内心世界的需求和价值取向。学习本身并没有绝对轻松和乏累之分，它是一个人的自我体验，而正是对生活的不断体验与探索、求知与感悟构建了完整的人生。其实人的这种体验从一出生就开始了，对于一个刚刚睁眼看世界的新生儿而言，一切都是新的，他一点一滴地接触体验外界事物。让他快乐的，他会乐此不疲；让他痛苦的，他便不再碰触。在体验的同时，新生儿也在不断地模仿大人们的语言、动作，他们学会了说话、吃饭、走路……在幼儿时期，他们的体验得到了夸赞与奖励，这种快乐的学习体验让幼儿们喜欢主动去认识新事物甚至沉浸于模仿和学习中，于是他们学得更加愉快而迅速。随着年龄的增加，学业负担的加重，竞争压力的不断提升，得到的批评也越来越多，学习乐趣也在不断削减。如何才能让我们的孩子重拾快乐？如何让学习成为自觉行为？学习一定要符合人的生长规律，更要启发引导学习者自觉自愿地学习，这就需要让学习者从幼儿时就必须对学习有快乐的体验，《慧学习》提倡的自主学习，循循善诱，注重的正是个人的实践体验，尤其是学习者快乐的体验和成功自信的获得。

《慧学习》正是抓住了"学习和打游戏一样容易"的特质，促进学习者"好之"甚至"乐之"，让学习者在点滴的成功体验中体会到学习的乐趣，并如同游戏闯关一样，在一次次学习"闯关"成功之后，又忍不住想要突破新的自我，闯过新的关卡，获取新的成功。这种奖励不是游戏币，而是一种无以言表的精神奖励——成功后自信的快感。这种快感会渐渐引领学习者不断地去想办法获取新知识，实践新知识，踊跃参与各种竞争，从而获取更大更多的精神上的成功感受。这种良性循环一旦形成，就如同打游戏成了"瘾"一样，学习就会成为最大的"瘾"，"好之""乐之"这样的自主学习便不再是空话。而要达到这一目标，关键在于育人者如何将因材施教和循序渐进有机地应用在个人的自我提升和育人过程中。

（五）躬耕乐道，铭感五内

知之者不如好之者，好之者不如乐之者。这样的快乐不仅要带给学生，还要带给家长，带给教师。在教育这片热土上，数以万计的同行用青春和热情浇灌幼苗幸福成长。刘军选择做一名教育工作者是源于对教育事业的眷眷深情和对孩子难以割舍的爱，他撰写并出版《慧人教育》是源于对教育事业的深深敬畏和对孩子不能推却的责任。作为一名普通的基层教育工作者与研究者，要善于学习，修儒雅之身，立方正之德，时刻铭记教书育人的使命。己所不欲，勿施于人，尽己所能，尽施于人。莫求收获，但问耕耘。作为育人者要以人格魅力打开学习者的心灵之锁，以渊博学识开启学生的智慧之门。《慧学习》是刘军对教育的再认识，希望它如《慧人教育》一样，能够引起广大志同道合者的共鸣，更希望大家多提出宝贵意见，愿《慧学习》能散做漫天火，点缀晓星辰。

第四节 孙立平案例分析

一、孙立平职业经历

孙立平，扎根义务教育三十余年，凭借较强的课程领导力、前瞻的办学思想和对教育事业的满腔热爱、执着追求，一路成长为辽宁省骨干校长、抚顺市专家型校长、抚顺市名校长。几十年来，他开拓进取、责任担当，诠释了一名教育管理工作者的信仰与追求。孙立平领导风格鲜明，具体总结如下：

（一）信念引领，执着教育

2010年以来，因工作需要，他从教育局走到基层学校，先后担任了抚顺市第二十五中学、抚顺市第十五中学校长等职务。他顶着压力，倾心工作，以高度的责任感、全身心致力于教育教学的改革创新，在极短的时间里使两所学校面貌一新，教师的水平和学生的综合素质有了质的飞跃。特别是担任十五中学校长以来，他以立德树人为根本任务，以为党育人、为国育才为根本目标，以服务中华民族伟大复兴为重要使命，规划了"文化传承—实践创新—反思积淀—完善升华—塑造品牌"的办学思路，围绕"先成人，后成才，为每一名学生提供适合的教育"的办学理念，坚持五育并举，德育为先，将"责任"融进厚重的学校文化之中，形成了"大雁精神、蒲公英品格、钥匙价值"三位一体的"责任文化"，以"责任文化"来培养"责任教师""责任学生""责任家长"，打造"责任教育"办学特色。高质量办学赢得了社会的高度赞誉。

（二）责任引领，成果丰硕

从事教育教学，刻苦钻研、勤学善行，他是学科领军人；担任校长，善读善思、全面谋划，他是思想者。醉心教育，他成就不凡业绩。

近年来，他执教或指导省、市级公开课近百节次，多次获得省、市教学成果一等奖。曾主持、参加《初中地方课程实施的有效教学策略研究》《网络平台骨干教师自主发展的研究》等多项省、市规划课题并圆满结题。近五年在省级以上刊物发表教育教学类论文 10 余篇，出版了个人专著《践行责任教育》，主编人教版数学八年级下册《教材解读》，编写教辅材料 10 余册。先后被辽宁省教育厅评为辽宁省骨干校长、辽宁省科研型名校长、辽宁省骨干教师、辽宁省最美校长，他的家庭也被辽宁省妇女联合会评为辽宁省最美家庭。

个人思想成熟、专业提升也助推了学校的发展。目前抚顺市十五中学有省学科带头人、省骨干教师 5 人，市学科带头人、市骨干教师 39 人。学校先后被教育部、国家体育总局评为全国青少年冰雪运动特色学校，2017 至 2020 年度全国群众体育先进单位，全国青少年校园篮球、足球体育传统特色学校，国防教育特色学校，被辽宁省委、省政府、教育厅评为辽宁省文明单位、辽宁省 2018 至 2020 年度文明校园、辽宁省基础教育系统 2018 至 2021 年度先进集体、辽宁省"基础教育精品课"优秀组织单位等。

（三）辐射引领，行稳致远

作为辽宁省骨干校长、抚顺市专家型校长、抚顺市名校长，他先后到抚顺县、新宾县等多地做培训交流 10 余次，2022 年为全省中小学德育主任做培训，2023 年先后在抚顺市中小学校长任职资格、新宾县中小学校长任职资格培训中做专题讲座，在市中小学骨干校长赴北京学习中做微分享，受到专家及同行一致好评，成为业内的模板。

他所带的团队成员正在他的带领下逐渐成熟，成为学校独当一面的管理者和业务骨干。他们先后到市区农村学校、薄弱学校送教 50 余节。2020 年与新宾一中及东部片区联盟校结成拉手共建单位，先后 3 次有近 40 名优秀教师到新宾一中送教和经验交流，并在班会、各学科课堂教学、中考备考经验介绍等方面做全方位指导交流，受到好评。

近几年，学校先后有 30 余节课被评为"一师一优课"部级优秀课；在 2019 年省课改推进会上，学校展示的 8 节课受到好评；在省义务教育课程改革提高德育课程实施质量推进会上，胡小丹老师作为唯一的初中学校班主任交流德育管理经验。在2022年寒假辽宁省名师公益课堂活动中，赵青丽老师的数学直播课受到师生欢迎。在2021年精品课评选活动中，学校推送的16节精品课全部获得市级精品课，14节获省级精品课，2节获部级精品课，学校获辽宁省优秀组织学校奖。

在全面落实"双减"政策的当下，教师聚焦课堂、作业，研究成效显著，有四名教师在全市做数学作业设计经验交流，使学校经验在全市推广。

一个好校长成就一所好学校。从事学校管理几十年，他始终把人的发展放在学校建设的首位，努力办好有温度、有深度、有高度的学校。站在新的历史舞台上，回首奋斗路，难忘；面向未来，砥砺奋发，起舞新时代。

二、学校文化塑造与中学管理模式创新

学校文化是一种凝聚力量和传承价值的力量，而中学管理模式则决定了学校的组织架构和教育运行方式。在阐述学校文化对中学管理模式创新重要性的同时，孙立平校长也探讨了如何通过塑造积极的学校文化来推动管理模式的创新。孙立平校长分析了学校文化如何影响教育环境、师生关系以及学生的全面发展，重点关注了学校文化如何激发教育者的创新思维，改进其教育方法，

从而引发管理模式的创新，并列举具体创新案例，展示学校文化在不同背景下如何推动管理模式的创新，以及创新后取得的成效和改变。他不但强调学校管理者在学校文化建设中起到的领导力，还提出了创新的管理模式，为学校的长远发展提供动力和支持。

（一）学校文化塑造与中学管理模式创新背景

辽宁省抚顺市第十五中学创建于 1956 年，校园布局科学，格调雅致，设施齐全，功能完善，是一所环境整洁优美、文化气息浓厚的知名学校。秉承着"先成人，后成才，为每一名学生提供适合的教育"办学理念，确立了"品位一流的学校、品质一流的教师、品学一流的学生"的办学目标，在"大雁精神、蒲公英品格、钥匙价值"三位一体的学校"责任文化"的引领下，全校师生正全力打造一流管理、一流环境、一流师资、一流质量的现代化、特色化的新型品牌学校。

在当今快速变革的教育领域，学校文化和管理模式的互动关系逐渐成了十五中学的工作重点。学校文化不仅是学校的精神象征，更是一种潜移默化的影响力，塑造着学校内部的氛围与价值观。同时，管理模式则是学校运行的框架，决定了学校的组织结构和运作方式。孙立平校长深入探讨了学校文化与管理模式之间的相互影响，重点关注了学校文化如何引领和催生管理模式的创新，进而推动学校的可持续发展和学生的全面成长。

（二）学校文化的塑造与传承

学校文化作为学校的独特精神氛围和核心价值观的集合，不仅是学校的传统和特色，更是学校办学理念的集中体现。学校文化的塑造与传承旨在通过对学校的历史、使命、愿景以及教育理念等要素的明确和强调，形成一种内外一致、符合学校特点的价值体系，引导师生形成共同的行为准则和文化认同，从而影响学校的管理模式和教育质量。

在学校文化的塑造过程中，首先需要明确学校的使命和愿景。学校使命是学校为社会所承担的责任和角色，而愿景则是学校对未来的期望和追求。通过明确的使命和愿景，学校能够更好地为文化塑造提供方向和动力。例如，一所注重培养创新精神的学校的文化塑造可能强调包容性、开放性和多元性的价值观，以支持学生的创新能力的培养。

学校文化的塑造需要注重传承和创新的平衡。学校文化的传承是将学校的优秀传统和核心价值代代相传，确保学校的文化传统得以延续。而文化创新则是根据时代的需求和学校的发展目标，不断地对学校文化进行更新和拓展。例如，随着信息技术的发展，一些学校可能在传统文化基础上加入数字化元素，以适应现代教育的需求。进一步地，学校文化的塑造需要借助各种载体和活动。学校的标志、口号、校训等都是传递学校文化的方式，通过这些标识物可以将学校的核心价值观传达给师生。此外，学校还可以通过各类活动如主题演讲、文化节、座谈会等来强化学校文化的影响力和凝聚力，从而形成共同的文化认同感。

总之，学校文化的塑造与传承是学校管理的重要组成部分，直接影响着学校的教育质量和师生发展。通过明确使命愿景、平衡传承创新、多元载体活动的方式，学校可以塑造出独具特色的文化，为中学管理模式的创新提供坚实的基础和支持。

（三）中学管理模式的创新与实践

中学管理模式的创新是为了更好地适应社会变革和教育发展的需求，从而提升学校的教育质量和管理效能。中学管理模式涵盖了学校内部的组织结构、人力资源管理、课程设置、教学方法等方面，旨在通过创新来激发教师和学生的活力，促进学校整体的发展。

一方面，中学管理模式的创新需要与时俱进，关注新时代的需求。在当前信息技术迅猛发展的背景下，一些学校可能会采用数字化管理系统，实现校园信息化和智能化。例如，学校可以通过线上平台管理课程、学生信息、考试成绩等，提高管理效率和信息共享程度。

另一方面，中学管理模式的创新还需要注重师生参与和协作。传统的管理模式可能较为僵化，学生和教师的参与度不高。而创新的管理模式应该鼓励学生和教师参与到学校的管理和决策中，从而增强他们的归属感和责任感。例如，学校可以设立学生代表会议、教师团队会议等，让师生参与学校事务的讨论和决策。

在实践中，中学管理模式的创新需要考虑学校的实际情况和需求。学校可以根据自身特点制订创新计划，并逐步进行试点和推广。同时，管理模式创新需要教育部门、教育专家和社会资源的支持，形成多方合力，推动创新的落地和实施。

（四）学校文化塑造与中学管理模式创新的互动关系

学校文化和中学管理模式是相互影响、相互作用的要素，其互动关系在打造学校特色、提升教育质量方面起着重要作用。学校文化是学校的精神灵魂和核心价值观的集中体现，而中学管理模式是学校内部运行的基本机制和规范。两者的协调与互补关系将决定学校的发展方向和效果。

学校文化对中学管理模式的创新具有引导作用。学校文化作为一种价值观念的传承和体现，会在一定程度上影响学校管理模式的选择和制定。例如，如果学校注重创新和多元发展，那么在管理模式上可能更倾向于灵活性和个性化，以适应学生的不同需求。另一方面，如果学校强调纪律和规范，管理模式可能更加强调规则的执行和监督。

中学管理模式的创新也可以促进学校文化的发展和传承。通过引入新的管理方法和理念，学校可以激发教师和学生的活力，推动学校文化的创新。例如，一些学校可能会在管理模式中加入鼓励创新和实践的要素，从而培养学生的创造精神，进而影响学校文化的塑造。

此外，学校文化和中学管理模式之间的互动还涉及文化的传承和变革。当学校面临新的教育理念和社会需求时，管理模式可能需要进行调整和创新，以适应新的文化需求。反过来，新的管理模式的引入也可以影响学校文化的调整和变革。这种互动关系在实际操作中需要进行平衡，以确保学校文化的传承和创新。

学校文化的塑造与中学管理模式的创新是推动教育发展的双轮驱动。学校文化为管理模式创新提供了内在的指引和支撑，而创新的管理模式也进一步丰富和强化了学校的文化内涵。在不断变革的教育环境中，必须充分认识到二者的互动关系，不断优化学校文化，创新管理模式，以实现学校的全面发展和学生的综合素质提升。

第六章　教育现代化维度下中学校长领导力评价体系

第一节　校长领导力评价指标体系创建评价学前提

一、基于协商、共建的第四代教育评价理论

自 20 世纪 40 年代，泰勒在"八年研究"报告书中首次提出了"教育评价"的概念，西方教育评价理论与实践得以不断发展，并先后经历了评价的测量时代、描述时代、判断时代，第四代教育评价理论就是在这一过程中不断发展。1989 年，古贝和林肯出版了《第四代评估》，在深入批判传统评价观的基础上，提出评价就是对被评事物赋予价值，其本质上是一种心理建构，评价描述的并不是事物真正的、客观的状态，而是参与评价的人或团体关于评价对象所具有的主观性认识，是一种通过协商而形成的"共同的心理建构"。

第四代评价打破以往评价中的"管理主义倾向"，以"回应"不同与评价利益相关的人为评价出发点，以"协商"为途径达成共同的"心理建构"，构建了"回应—协商—共识"的评价路径。

从"评价"的英文单词"evaluation"的词根来看，其词根就

是"value"，是价值的意思，也就是说"评价"（evaluation）这个词在语言学上是源于"价值"（value）这一词的。由此，评价通常被定义为评价者对评价对象的价值进行衡量、判断。

再从"价值"的涵义来看，价值属于关系范畴。从认识论上来说，是指客体能够满足主体所具有的效益关系，是表示客体的属性、功能与主体需要间的一种效用、效益或效应关系的哲学范畴。由此可见，由于不同评价者所持有判断标准和价值观不同，对同一客观对象的评价也会有所不同。哪种价值观在评价中占据主导地位，将会影响评价利益相关者对于评价的积极性，这在一定程度上也会影响评价过程和结果。第四代评价理论提出多元利益主体的不同价值问题，认为需要解决两个问题：一是与评价有利害关系的人共有几类，二是要回应他们的哪些要求。

第四代评价理论将与评价有利害关系的主体分为三大类。（1）评价活动的代理人/推动者，包括评价活动的提出者、使用者和实施者。（2）评价的受益者，他们是由于运用了评价以及某种方案、工具而受益的人，包括：直接受益者，即"目标群体"；间接受益者，即与直接受益者有密切关系、受其正面影响的人；因评价工作而受益的人，如评价工具资料的出版商等。（3）评价的受害者，主要是那些因接受了某种评价而受到直接或间接伤害的人，包括：在评价活动中被有意排斥的人；受评价活动的某些副作用伤害的人；某些评价造成的政治和经济影响，也会使一些人受到伤害。而这些利益相关者都会持有自己不同的观点，这就会使他们对评价对象及其价值有着不同甚至对立的看法与判断。所以，古贝和林肯强调，在评价活动中一定要努力使所有与评价有利益关系的主体都积极参与，充分表达自己的观点，表现出"心理建构"的每一方面。只有在这样的基础上，才有可能达成共识，形成有利于改进课程、教学、学校教育的"共同心理建构"。

因此，第四代评价认为，评价就是所有参与评价的人共同建构的过程，亦即参与评价及与评价有关的人或团体基于对评价对象的认识，通过不断地协商、对话和交流，不断协调教育价值观，减少关于教育评价结果的意见分歧，而整合成大家的共同看法的过程。

古贝和林肯认为，第四代评价需要对利益相关者所持的主张、担心和争议采取积极应答态度，因为所有这些都是利益相关者群体基于自己的价值观而提出的对应观点。因此，第四代评价强调对评价采取应答方法，而不去测验变量、目标或决策等，使每一个利益相关者群体都能根据自身的价值观，用内在的语言说出自己的看法、主张、兴趣或意见，这样可以解决价值多元化的问题，还可以解决管理主义问题。

二、关注过程的发展性评价理论

教育评价科学的发展历程实际上是对教育规律的不断认识的

过程，反映了教育科学进步的足迹。总的来说，教育评价科学的发展基本是以目标取向—过程取向—主体取向的路径发展的，从关注评价者的主观需求出发向关注被评价者的素质发展的方向过渡。正如斯塔弗尔比姆所说："评价最重要的意图不是为了证明，而是为了改进。"然而，长期以来，以泰勒模式为首的前三代评价观，采用"预定式的评价"（coordinate evaluation），强调评价的鉴定、选拔和奖惩功能，而忽视了评价的根本目的在于改进工作。20 世纪 80 年代，第四代评价观的产生掀起了西方国家的"评价改革运动"，以英国为首的发达国家开始摒弃传统注重鉴别和奖惩的教育评价制度，逐渐采用发展性教育评价方式。

发展性教育评价制度最早由英国开放大学教育学院纳托尔（Latoner）和克利夫特（Clift）等人提出，源于英国的发展性教师评价制度的确立与发展。英国教育与科学部授权研究小组调查了大量的有关教师评价方案，对这些评价方案进行了深入分析。他们采取积极的态度审视了教师评价过程中的各种问题，并且就克服教师的惧怕心理问题，提出积极建议，如与奖惩脱钩、注重专业发展和个性发展、提高评价者自身素质、相互信任与合作应作为评价的基本原则等。发展性教师评价制度就是在奖惩性教师评价制度的基础上逐渐演变、形成和发展起来的，即是在对旧的奖惩性教师评价制度的反思与批判中、在对新的教师评价制度的建议中产生、形成和发展起来的。

发展性评价并不仅仅局限于一种模式和方法，其实它还是一种理念，其核心思想是"以评价促发展"。这也为本文的校长领导力评价指标体系构建提供了多样的视角。

着眼于被评价者的发展。发展性评价着眼于被评价者的未来，包括其自身的专业发展和终身学习的需要。因此，本文构建的校长领导力评价指标体系，既要符合校长专业标准的要求，又要充分考虑校长的专业发展和领导力提升情况。

突出评价的过程。发展性评价强调评价过程中对被评价者的现状、发展状况及水平的关注，并及时反馈被评价者存在的优势和不足，并在此基础上提出具体的改进建议。

关注个体的差异。发展性评价不仅关注被评价者的发展，更关注被评价者的个体差异性，其中包括其生理、心理特征和兴趣爱好等方面的不同特点，还包括其社会经验的多少、教育背景的差异，等等。发展性评价通过对每个被评价者不同特点及发展潜力的判断，为被评价者提出适合其个人发展的建议。

发展性评价为本文构建的校长领导力评价指标体系明晰了方向，即评价的目的是发展性的——促进校长领导力的提升与发展，而非考核性和奖惩性的。对校长领导力的评价也不仅仅是对其绩效的评价，更关注校长的个体性与差异性，关注评价过程中校长的参与以及不断的变化与发展。从上述方面对校长做出综合评价，才能使校长真正接受评价，才能使评价发挥其引领和激励作用。

三、着眼于各有所长的评价模式

教育评价模式是在特定理论指导下对教育评价的功能、范围、内容、方法、过程和程序等方面进行规定。教育评价模式反映了一个整体的教育评价过程，并不是具体的评价方案，而是教育评价理论与实践沟通的桥梁或中间环节，对教育评价实践活动具有指导和控制的作用。随着教育评价理论与实践的不断发展，评价模式的类型也逐渐多样化，不同的教育评价模式有着不同的教育价值取向，反映出不同的教育评价思想和方法。评价模式的选择关系到评价指标体系的逻辑架构，同时也影响到评价的过程和效果。

本小节主要通过对不同教育评价模式进行回顾和分析，选择适合校长领导力评价指标体系的构建模式，为后文指标体系的构建提供基础和逻辑框架。

（一）行为目标模式

20 世纪 20 年代末到 30 年代初，美国经济大萧条，学校的培养目标与社会发展不相适应的问题十分突出。1933—1941 年，为了使美国渡过危机，美国进步教育协会在近 300 所大学学院和 30 所中学中开展了声势浩大的为期八年的教育改革实验（八年研究）。在研究过程中，泰勒和他的同事正式提出了教育评价概念，以区别于早期的教育测验活动，形成了"泰勒模式"。

泰勒认为，开展评价依据是把所要评价的内容分成具体可见的、有可操作性的行为目标，以便在评价中能够围绕这些行为目标进行观察和测定。主要有以下几个步骤：（1）拟定教育的一般目的（broad goals）和具体目标（objectives）；（2）把一般目的和具体目标进行分类；（3）用行为化的术语界定具体目标；（4）建立可以展示具体目标业已达成的情景；（5）选择和编制客观性、可靠度、有效性较高的测验，确定问卷、观察、交谈、作品分析等评价手段；（6）收集学生行为表现的资料；（7）把学生的行为表现与既定目标进行比较；（8）修改方案，重新执行方案，如此循环。

泰勒模式是教育评价理论发展史上第一个比较完整的评价模式，也是最有影响力的模式。泰勒模式结构简洁、清晰，不仅易于理解和实施，更具有较强的操作性。但是，泰勒模式也有其不足之处，如将评价目标固化，把预定的目标作为评价的统一标准，忽视了对教育目标本身合理性的评价；注重评价的鉴别功能，而忽视对过程的评价；忽视对学生个性发展的特殊性的关注；等等。

（二）目标游离模式

目标游离模式是麦克尔·斯克里文（Michael Scriven）针对目标评价模式把教育活动的预期效应与非预期效应割裂开的弊端而提出的模式。严格地讲，目标游离模式没有确切的定义，也没有一套完整的评价程序来实施，因而并不是一种完善的评价模式。所以，有的研究者认为它仅仅是一种评价的指导思想或原则。斯克里文认为，评价活动应从检查方案的结果来判定其价值，评价活动的重点应由"方案想干什么"转变为"方案实际干了什么"。他认为实际的教育活动，除了产生预期的效应外，还会产生各种"非预期效应"，这种"副效应"有时会有很大的影响。评价如果仅限于衡量教育活动的成果达到目标的程度是不全面的，这样会大大地限制了评价的范围及其深远意义。评价应该收集包括可能产生的相反效果在内的有关方案活动成果的全部信息，以做出正确的价值判断。因此，评价人员应进行研究，以便发现实际效果，而这些效果可能与方案发起人宣布的目标大相径庭。

目标游离模式最大的特点是突破了评价目标的限制，把活动参与者的意图而不是预定目标作为评价的依据或准则，事实上将评价的范围扩大，开阔了评价者关注的视野，对教育评价的理论和实践产生了较大的影响。"非预期效应"即"副效应"概念的提出具有很大意义，如果对教育活动的评价忽视了非预期效应，显然是不全面的。

（三）CIPP 评价模式

20 世纪 60 年代，美国为改善中小学整体教育水平，于 1965 年颁布《初等与中等教育法》，向全国各学区提供资助，同时要求受到资助的项目都必须接受评估，因此提高了对教育评价手段的要求。随着教育评价理论与实践的发展，泰勒模式出现了很多缺陷，已经无法适应新的教育改革对教育评价的要求，CIPP 评价模式应运而生。

CIPP 模式是斯塔弗尔比姆（Stufflebeam）在批判目标评价模式的基础上提出的，它是由背景（context）评价、输入（input）评价、过程（process）评价和成果（product）评价组成的一种综合评价模式。CIPP 评价模式主要包括：（1）背景评价，即在某一具体的教育背景中，确定评价问题和评价需要；（2）输入评价，即对为达到目标所需的条件而投入的资源、评价方法、行动策略方案进行评价，并进行目标实现的可行性评价；（3）过程评价，即对方案实施情况的监督检查，也就是方案实施过程中的形成性评价；（4）成果评价，即测量、判断、解释方案的成绩，确定在多大程度上完成了目标。

CIPP 模式最突出的优点是将几种评价模式结合在一起共同发挥作用，使评价活动贯穿于教育活动的全过程。不仅重视对结果进行评价，而且重视对目标本身的合理性进行评价，同时关注形成性评价，从根本上拓宽了评价范围与内容，为决策过程提供更为全面和科学的信息。但这一模式同样也存在着操作成本高、难度大的问题。

第二节　校长领导力评价指标体系制定依据

一、以校长专业标准为基础

我们构建的校长领导力评价指标的选择，着重从校长的职责和工作展开，关注其在领导和管理学校过程中的行为和策略。通过对领导过程的关注和重视，打通评价的推动作用与校长专业标准指导性作用之间的壁垒，共同推动提高校长领导水平。

校长专业标准的颁布，不是简单的行政命令或条例的下达，而是要将校长专业标准真正落实在学校工作中。通过分析各国校长的专业标准，我们发现尽管各国的校长专业标准并不全是由政府制定和实施，但是在标准制定后，国家会通过多种途径和保障措施确保专业标准运用于校长的专业发展。

从各国的校长专业标准来看，较早颁布标准的发达国家已经有比较完善的评价—反馈—激励与支持系统等保障标准。如澳大利亚在 2011 年颁布首个《全国中小学校长专业标准》。为了配合中学校长专业标准的实施，帮助校长自我管理与管理学校，2013年澳大利亚教学与学校领导协会公布基于该标准的《360 度评价框架》并陆续颁布用户手册、评定指标、实施方法等配套资源，从量化和质性维度丰富中学校长评价、提升领导力及其相关要素，以确保校长标准各要素能在真实的环境中发挥实效。

校长专业标准从制定的目标、框架的建构、关注的内容、功能定位及支持系统等方面保证了标准的功能发挥，为校长的专业行为发挥规范和引领作用，更为校长评价提供依据和典范。

此外，框架以校长角色/职责、校长专业活动为维度进行构建。各国校长专业标准的框架构建基本依照这两个维度来构建，校长专业标准实为相对理想的校长专业素质的结构化表述。框架结构包括活动维度和素质维度。活动维度是指"校长的职业角色和职业活动"，明确校长应该做哪些事情；素质维度包括专业知识、专业能力和专业精神等。

澳大利亚颁布的《全国中小学校长专业标准》提供了适用于中学校长的专业标准框架，由"领导要求"和"专业实践"两个子框架构成。"领导要求"从三方面对中学校长领导和管理学校提出了要求，包括愿景与价值、知识与理解、个人素质与社会人际交往能力；"专业实践"从领导教与学、自我及他人发展、领导创新和变革、领导学校管理、参与社区合作五个方面对校长的实践工作提出了要求。中学校长专业实践模型是一个环形结构，包括计划与实施、反思、改进三个环节。这样清晰的框架建构加强了校长专业标准的可操作性，更有利于其真正落实和实施，也为本文校长领导力评价框架的建构提供了可供参考的模型和内容。

总体来说，校长专业标准不仅为指标体系的构建提供了内容基础，同时也明晰了评价的框架结构和评价的目的。尽管我国在2013年也颁布了《义务教育学校校长专业标准》（以下简称《专业标准》），旨在促进义务教育学校校长专业发展，建设高素质义务教育学校校长队伍，深入推进义务教育均衡发展。但是对于如何发挥《专业标准》的作用，检验校长在工作中的评价和指引效用还没有更多的关注，也未形成一套从标准建立到标准实施的完整的评价体系。

在国内已有的关于校长角色的研究中，我们可以发现大部分研究都从校长作为领导者、管理者和教育者三个角色的角度进行讨论，而对校长作为自身发展角色的讨论较少。这也是造成校长评价内容不聚焦、评价实效性发挥不足的主要原因。

校长专业标准将校长作为中心，从维度确定到内容选择方面都以校长的专业发展为根本目的进行构建，校长专业标准无疑成为构建校长评价指标体系最重要的内容依据。

因此，结合我国校长实践的现实状况和专业标准的相关内容，本文试图将我国校长专业标准中的部分内容（如规划学校发展、领导教师成长、优化内部管理、调试外部环境等）融入评价指标体系中，作为重要的评价指标。构建基于专业标准的校长领导力评价框架，旨在更好地将评价与专业标准结合起来，推动校长专业化水平的提升。

二、着眼于校长领导力

领导力模型的构建是对传统的基于工作分析进行选人、用人的一种补充和提升。对个人而言，领导力模型的构建可以帮助其有效地进行职业生涯规划，有利于个人把握专业成长与职业生涯的发展；对单位而言，领导力模型的构建可以作为选拔招聘、薪酬设计、提升留任和加薪解聘的依据；领导力模型的构建还可以用于对某个岗位整体团队领导力现状进行诊断分析和岗位提升，了解岗位所需的领导力特征，了解个人在从事工作中的优势和需要提升改进的地方，进一步明确培训方向、预测培训要求，对未来培养有积极的意义。

国外教育领域对领导力的研究源于20世纪60年代。1968年，美国教育办公室资助了8个教师教育改革项目，规范了接受培训的教师应该学习的技能和行为。20世纪70年代后期，美国中学校长协会建立了校长领导力指标体系，用来指导校长选拔和培训发展工作。进入80年代中后期，学校管理者领导力问题逐渐成为英美等国教育界研究的一个热点。

目前，有关学校管理者领导力的研究一般可以分为美国模式和英国模式，它们各有不同的假设和侧重点。美国模式的管理者领导力研究将管理者在工作中的表现分为出色、一般、不合格三种状态，并假定这三种状态是管理者的不同特质造成的。一般表现取决于基本的知识和技能，而出色的表现则取决于某些特殊能力和行为，领导力研究的主要目的就是找出这些特殊的能力和行为。具体的做法是研究有效管理者的技能和行为，进而确定管理者的领导力标准。由于这种模式的领导力是以出色表现为基准的，所以美国模式也被称为"卓越模式"。

20世纪90年代初，英国多科技术学院与中学校长协会合作，成立国家教育评价中心。该中心参照美国模式开展了学校管理者领导力研究，提出包括四方面12条特质的学校管理者领导力模型。第一方面为日常管理，有4条特质：分析问题的能力、判断力、组织能力、决断力；第二方面为人际方面，有3条特质：领导力、敏锐性、意志力；第三方面为沟通，有2条特质：口头交流能力、书面交流能力；第四方面为个人广度，有3条特质：兴趣广泛、自我激励、明确的教育价值观。后经过深入研究，该中心又在这一胜任力模型的基础上增加了以下一些特质。（1）综合能力：创造性地解决问题，发散思维，企业家能力以及冒险精神；（2）发展意识：发展自我（采取持续行动以促进个人能力的发展），发展他人（鉴定并提供机会促进他人发展），制度发展（从他人那里接受并产生新思想的能力，理解并应对长期变化的能力）；（3）边界管理意识：识别组织自身潜在的问题及机会的能力，明确政府和社会因素的含义，采取行动的能力，处理学校与政府关系的能力等；（4）教学领导能力：理解力，过程的经验以及教与学的技法，评价课堂教学表现的能力，有效地与师生协作以及改进课堂教学效果的能力。

从对目前国外领导力研究现状的分析可以看出，国外的领导力研究起步较早，已经构建了一些不同岗位的领导力模型，并且对领导力模型的研究成果也已进入实用阶段，但总体来说尚缺乏统一的测量工具与方法；国内的研究刚刚得到关注，还处于初级阶段。

总的来说，校长领导力理论及其模型同样对校长专业发展和校长评价具有重要意义。校长领导力理论及模型实施不仅能够为校长个人提供职业发展规划，而且能够作为教育行政部门考核和管理校长的依据之一。此外，校长领导力理论及其模型不但能够帮助我们分析校长工作的独特性和复杂性及其所需要的基本素养、能力和潜在特征，而且能够作为校长评价指标的基础，帮助我们选择和制定相应评价指标，提高评价的可操作性和科学性。因此，本论文将其作为制定校长领导力评价指标体系的依据。

第三节　校长领导力评价指标初步确定

一、评价指标设计流程

评价指标体系是由众多指标、评价标准、权重等构成的系统，因而需要具备科学和严格的方法与步骤才能得以完成。

本文首先采用了文献分析法和频数统计法对校长领导力及其评价的相关文献和资料进行收集和整理，并采用频数统计法对研究关注点进行统计，作为初选的评价指标。在此基础上，运用专家咨询法、德尔菲法、访谈法等对于初选的评价指标进行修订和完善，确定了评价指标体系的内容选择、评价标准和权重，并对每一级指标内容进行逻辑关系和内容层面的分析，最终确定了评价指标体系的三级指标，包括 3 个一级指标、11 个二级指标、33个三级指标。最后将这一评价指标体系进行测试和使用，并提出校长领导力评价要走向协商、建构式的价值体系。

二、校长领导力评价指标初选

结合上述对国内外已有评价指标体系和专业标准的阐述和分析，我们可以看出，尽管不同的指标体系构建的逻辑和关注的重点各有不同，但在构建学校愿景与规划、营造学习文化、执行与实施（学校内部的管理与领导、促进教师的发展与成长等）、与外部的沟通协调和领导绩效/业绩等方面存在较高的一致性。这些共同的关注点为校长领导力评价内容的选择提供了依据，都将成为探究的主要关注点。

（一）校长领导素养

校长作为履行学校领导与管理工作职责的专业人员，是学校发展的管理者和引领者，其专业素养和水平直接影响学校发展质量，进而影响我国义务教育事业的发展水平与质量。为提高校长专业发展水平，我国颁布和实施了《义务教育学校校长专业标准》，从根本上引领和规范校长的实践活动。

我国校长专业标准对实现校长的专业职责所需要的专业要求进行了详细的阐述，主要有专业理解与认识、专业知识与方法、专业能力与行为三个方面。美国、澳大利亚等国家在校长专业标准中对校长个人素养也提出了较高的要求，以保证校长各项专业标准的实现。

因此，本评价指标体系将校长专业素养作为评价的重要因素之一，结合特质领导理论的相关内容以及校长实践活动的特殊性和复杂性现状，初步确定将校长的知识储备、素质能力和价值取向作为衡量校长专业素养的指标。下文会对每一项指标进行详细的阐述和分析。

（二）校长的领导行为和过程

从我国已有校长评价体系的研究来看，主要从校长角色、职责和绩效等角度出发构建指标体系，并由此对校长的领导行为和领导要求进行了界定。例如，陈永明等设计的校长评价指标体系，从校长的专业立场出发，对校长的专业角色、领导行为和知识品性进行界定，以评价指标的形式强调校长领导行为对学校发展的重要意义。

我国校长专业标准规定了校长的六大专业职责，即"规划学校发展""营造育人文化""领导课程与教学""引领教师成长""优化内部管理""调试外部环境"。从根本上来说，这都是对校长领导行为的界定和阐述，通过对校长专业职责的描述等途径对校长加以规范和引领。

由此，我们认为校长的领导行为是校长专业素养的外显形式，也是评价的关键和重点。然而，学校实践活动中，校长领导行为多种多样，不仅包括基本的管理行为，还包括决策、协调、反馈等行为。选择哪些领导行为作为评价的内容成为我们面临的挑战和难题。

结合前文对领导力和校长领导力概念的阐述，本文从教育领导学的角度展开，将校长在学校工作中经历的一系列环节和过程作为评价维度，主要分解为远景规划与决策、执行与实施、沟通与协调、监测与改进等领导过程。

（三）校长的领导效能

领导效能是校长领导力效果的直接体现，也是衡量校长领导力水平和实践工作的重要标志。它不仅包含学校的产出，而且还包括学校组织的整体发展，以及一定的社会效应。

纵观已有的评价指标体系和校长专业标准，对学校各类主体（教师、学生）发展状态的关注、学校对外关系的协调水平、学校组织生态发展状况等是关注的焦点和热点问题。由此，本研究指标体系将学生发展质量、教师专业发展水平、学校组织生态和社会影响力等作为衡量校长领导效能的主要指标进行考虑。

在选定以上评价的主要维度和指标后，后文将对二级指标、三级指标进行详细的阐述，初步确立评价的框架。

三、评价指标框架初步确立

笔者在文献阅读的基础上，在对校长领导、校长评价相关内容的分析与整理过程中，将其共同关注点进行汇总，发现校长的领导素养（如知识、能力、价值取向）、领导效能（学生学业成就、家长满意度、社会口碑等）都是大家共同关注的焦点。

因此，在确定了领导素养和领导效能的基础上，本框架增加领导过程指标，初步构建基于文献汇总的校长领导力评价指标体系框架。整个评价指标体系共分为三级指标。一级指标是体系结构内第一层次的各项指标，主要是将校长领导力评价从领导素养、领导过程和领导绩效三个方面进行了维度划分，也是二级指标的评价对象。二级指标是评价指标体系结构内第二层次的各项指标，反映了一级指标提供属性的主要内容。三级指标项以二级指标作为评价对象。

（一）一级指标的确立

本指标框架根据校长领导实践和学校实际情况对 CIPP 评价模式进行了改良，分为三个一级指标，即领导素养、领导过程和领导绩效。领导素养更多强调的是输入，是领导力实现的基础条件；领导过程更强调过程，凸显领导力发挥的情境与方式；领导绩效更强调领导力的成效和产出。校长在学校运作的整个过程中都起到很重要的作用，因此指标框架根据校长的领导实践和学校运作的环节进行以上三个一级指标的划分和确定。

（二）二级、三级指标的确立

为了贯彻指标的可操作性原则，就要进行指标的进一步细化和分类。因此，把一级指标的三个维度细化为二级指标，每一个二级指标又细化为具有可操作性的三级指标。这样就基本完成了指标框架的确定。

表1　校长领导力评价指标体系框架

一级指标	二级指标	三级指标
A1 领导素养	B1 知识储备	C1 具有教育学和心理学知识
		C2 具有领导学和管理学知识
		C3 具有相应的文化水平和专业知识储备
	B2 素质能力	C4 良好的思维品质
		C5 坚定的意志力和行为坚持性
		C6 开阔的眼界和视野
	B3 价值取向	C7 能力为本位的用人观
		C8 发展性的教育评价观
		C9 可持续的教育发展观
		C10 以人为本的办学理念
A2 领导过程	B4 规划与决策	C11 制定学校愿景和发展规划，引领学校发展
		C12 设置和完善学校机构和规章制度，保障规划实施
		C13 规划/决策具有前瞻性
		C14 决策具有科学性
		C15 决策具有民主性
	B5 执行与实施	C16 将学校发展规划贯穿于每项工作中
		C17 适当赋权于中层干部和教师
		C18 制定并严格执行工作计划，确保目标的跟进与落实
		C19 管理团队的建设与提高
		C20 运用激励机制推动计划进展
	B6 沟通与协调	C21 校内矛盾/冲突的处理
		C22 社会资源的开发利用
		C23 与家长、社区、校外其他主体沟通

（续表）

一级指标	二级指标	三级指标
A2 领导过程	B7 监测与反馈	C24 持续关注工作目标、程序及环节
		C25 及时反馈意见与观点
		C26 管理过程中坚持权责结合
A3 领导绩效	B8 社会影响力	C27 公众对学校的认可度
		C28 家长对学校的满意度
		C29 学生对学校的喜爱程度
		C30 教师对学校/校长的满意度
		C31 学生学业成绩每学年提高度/增值度
	B9 学校组织氛围	C32 信任、开放、共享的学校文化
		C33 校内人际关系融洽

第四节 校长领导力评价指标修订和完善

通过两轮德尔菲问卷的征询意见，笔者对其中的部分指标进行了合并、删除和完善，最终形成中学校长领导力评价指标体系，并根据需要制定评价标准和权重分配。

表2 校长领导力评价指标体系

一级指标	二级指标	三级指标	评定依据					评定等级
			自己观察	他人告知	学校文件	其他来源	没有依据	
A 领导者素养	A1 知识储备	A1.1 学科知识和视野						
		A1.2 具有相应的教育专业知识						
	A2 素质能力	A2.1 判断与解决问题时思维水平与能力						
		A2.2 意志力和坚持性						
		A2.3 具有改革意识和创新精神						
		A2.4 理论/愿景的转化能力						
	A3 价值取向	A3.1 对学校功能认识						
		A3.2 追求的办学理念						
B 领导过程	B1 愿景规划与决策	B1.1 引领教师参与规划，形成学校共同愿景						
		B1.2 定位学校发展现状，明确近期、中期、远期发展目标						
		B1.3 设置和完善学校组织机构与规章制度						
		B1.4 坚持民主集中制，进行科学决策						
	B2 执行与实施	B2.1 分享、传播学校共同愿景						
		B2.2 赋权于中层干部和教师						
		B2.3 实行问责机制						
		B2.4 引领教师的专业化发展						

（续表）

一级指标	二级指标	三级指标	评定依据					评定等级
			自己观察	他人告知	学校文件	其他来源	没有依据	
B 领导过程	B3 沟通与协调	B3.1 协调学校部门间/人员间工作，化解冲突 B3.2 加强与家长、社区、校外其他主体合作 B3.3 与上级教育行政部门联系						
	B4 监测与改进	B4.1 监测学校发展规划的实施情况并进行修正 B4.2 反思并改进学校实践活动						
C 领导效能	C1 学生发展质量	C1.1 学生学业跨年度进步程度 C1.2 学生学习动力提升 C1.3 学生品德行为表现						
	C2 教师专业发展	C2.1 教师的职业认同感 C2.2 教师个人专业发展需求得到满足 C2.3 教师专业发展社群的发展						
	C3 学校组织生态	C3.1 学校文化的整体特征 C3.2 学校内部组织间关系 C3.3 校内人际关系						
	C4 社会影响力	C4.1 公众对学校认可度 C4.2 家长对学校满意度 C4.3 上级部门对学校的满意度						

第五节　校长领导力评价指标体系内容分析

一、领导者素养

领导者的素养是领导者成熟程度的表现，也是促进领导团队和学校发展的基础要素，对保证学校各项工作的顺利进行具有重要意义。领导者应具备综合性的素质，校长领导力的形成和发挥离不开相关知识储备和素质能力的支持，同时也离不开特定价值观的指引。因此，知识储备、素质能力和价值取向对于校长领导力的实现来说，缺一不可。

（一）知识储备

校长应该具备哪些知识素质，这是一个争论较大但又难以定型的问题。本文主要从知识与领导力关系的角度，即以知识在形成领导力中的作用为出发点，来分析校长的知识素质。校长要形成一定的领导力或者说校长要更好地发挥其领导力，必须具备以下知识素质：广博的文化科学知识、扎实的专业知识、系统的教育学和心理学知识、科学的管理学知识、精湛的领导学知识、丰富的实践性知识及其他相关理论知识等。

校长的知识储备指在一定历史条件下，校长实施学校领导所必需的各方面知识的总和，是校长其他素质形成和发展的基础，也是形成领导能力和素质的重要元素。一个校长拥有的教育学和领导学知识越多，其认识世界、改造世界的视野和思路也就越宽，制定的决策可行性也就越强。同时，校长还需具备一定的学科视野，拥有相应的学科知识背景，才能更好地理解学科的育人价值，更好地发挥课程与教学领导力。因此，在知识爆炸的今天，校长更应该跟上时代的步伐，加强自身知识修养。只有这样，才能赢得教师的信赖和尊重，也才能更好地进行学校领导，提高领导效能。

（二）素质能力

素质能力是指作为领导者的校长在天赋的生理和心理基础上，经过后天的学习和实践锻炼而形成的在领导工作中经常起作用的那些基础条件和内在要素的总和。它和领导者个人的知识经验等有直接关系，是领导者在领导活动中发挥作用的重要因素。校长的个人素质能力是影响其教育领导视野的重要因素，也会影响到其教育认识与理解。尤其在变革背景下，校长的思维品质、改革和创新的意识、改革中所体现出的意志力与坚持性以及思维转化能力都是重要的因素。

思维品质的实质是人的思维的个性特征，反映了每个个体的智力或思维水平，主要包括深刻性、灵活性、独创性、批判性、敏捷性和系统性六个方面。校长思维品质主要指校长在面对和处理问题时的思考能力、判断能力，是校长的认识品质中最为重要的心理品质。只有努力培养自己良好的思维品质，不断提高思维能力，才能更好地发挥和运用校长领导力。

在当前学校变革背景下，校长是否具有改革和创新的意识，以及在改革过程中能否具有坚持性和意志力是影响学校改革进程的重要因素。社会飞速发展，不断变化的形势要求每位校长对不断变化的新事物、新环境、新问题有敏锐的洞察力，要善于思考、解放思想、更新观念，并在实践中大胆创新和探索。变革也不是一蹴而就的，在不断地探索和改革进程中校长也需要有坚持性，并要引导学校相关利益者一同努力。此外，校长所具备的理论知识能否转化并运用于实践过程中，是影响领导力发挥的重要因素之一，也是实现领导力的基本要素。

（三）价值取向

价值取向是价值哲学的重要范畴，它指一定主体基于自己的价值观在面对或处理各种矛盾、冲突、关系时所持的基本价值立场、价值态度以及所表现出来的基本价值取向。价值观体现着人们的价值取向，一旦形成就潜移默化地对人的思维与行为模式产生影响。可以说，它是人们行为的出发点和归宿点。

校长作为学校的法定代表人，全面负责学校所有的工作。因此，校长的价值观是一般价值观的特殊表现，是校长在学校领导的特定情境中，对学校领导活动意义的认识或看法。校长的价值观具体表现为校长对学校价值的认识和理解以及校长所追求的办学理念两方面。

校长对学校价值的认识和理解，主要是指校长对学校功能和作用的认识或看法。校长如何看待学校的功能，既决定了校长的领导目标、领导方向和领导方式，同时也决定了学校的整体氛围和师生的发展状态。校长追求的办学理念，指校长从宏观视野对学校发展所做的理性思考，是校长在洞察社会发展总体趋势的基础上，结合自己的教育教学经验和办学经验所形成的理性观念。作为校长办学指导思想的办学理念，是指导学校的发展与改革的重要因素。因而，我们可以说校长的办学理念直接决定着学校的办学方向。

二、领导过程

从上述对领导力相关理论的梳理来看，领导力的发展除了关注领导者的素养外，更关注领导的行为以及权变因素。因此，从领导学的层面来看，校长在学校中的领导过程主要包括以下几个方面：愿景规划与决策、执行与实施、沟通与协调、监督与改进反馈等。

（一）愿景的规划与决策

愿景汇集和代表了学校成员共同持有的一种价值取向，它是指引学校发展的旗帜和风向标。愿景的建立和指向既要指向未来，又要立足学校，体现学校的特色。

对于愿景，本尼斯把它定义为"通过创造和沟通形成某种期望，并使在组织中工作的人都对此形成共识"。他发现成功组织的一个关键因素是有"共同愿景"。愿景能够使追随者充满活力，知道如何与组织的发展保持一致。

校长作为学校发展的领导者，应邀请与学校的利益相关者，如教师、家长、社区等共同参与、规划和描绘学校的愿景。但建立愿景的过程并非一帆风顺，会涉及不同的价值取向、理解力和追求。因此，校长需要通过与不同主体之间的对话，让参与者对学校的发展产生认同感，并有积极参与学校发展的动力和持久性，对学校的使命产生认同感并为之奋斗。

校长还要善于带领全校师生将学校愿景落实到每一个环节中，为实现愿景而奋斗。这就需要校长具体描述愿景，使"愿景"具体化、形象化。愿景只有得到学校所有成员的理解和认可，才能真正落实和发挥作用。校长需正确解读愿景的精髓和内涵，使抽象的愿景具体化、可操作化，并通过多种保障机制使愿景渗透到学校的各项工作和教师的教育教学中，才能达到持续有效的实施目的，取得实施效果。

决策是领导的基本职能，领导活动的过程就是做出并实施决策的过程。领导者要有效领导，离不开有效决策，而决策有效性的大小与领导决策力的强弱正相关。可以说，领导者决策水平的高低直接影响着领导活动的展开和领导行动的效果。因此，增强领导有效性必须提高领导决策力。

校长决策是指校长在学校管理工作中，为了保证学校工作正常运转以及促进学校的进一步发展而做出的决定，其贯穿于校长工作的全过程。决策是保证学校工作顺利开展的重要条件，也是检验校长领导水平的根本标志。

决策在学校发展中的重要性持续存在，因此决策的科学性和民主性是最需要关注的问题。决策的科学性主要是指校长在进行决策前，需要对决策的内容和问题进行调研和商讨，以期做出最优决策。决策的民主性则是要求校长在决策过程中征集多方意见，加强教师的参与性，提高决策的可行性。

（二）执行与实施

从根本上来讲，学校之间的竞争，不仅在于教育决策的正确与否，而且在于决策被执行和实施的程度和效果如何。校长通过建立完善的制度、有效的执行组织和机制等，把学校决策转化为学校发展过程中的实践行为，保证学校的运作与发展。执行与实施主要包括分享和传播学校共同愿景、赋权于中层干部和教师、实行问责机制和引领教师的专业化发展等。

如前所述，愿景对学校发展的意义重大，如何将愿景落实并发挥作用，则需要校长通过多种方式和途径向学校利益相关者分享和传播愿景的内容、意义及具体的实施策略。只有这样，教师、家长和其他人员才能更好地将愿景落实到学校各项工作中去，发挥愿景的凝聚作用，进而推动学校的发展。

所谓赋权，是指校长将自己一定的职权授予下属去行使，使下属在其所承担的职责范围内有权处理问题并承担相应的责任。

校长的权力既有来自校长个人的，也有职位赋予的。组织工作的开展需要依赖权力，但权力的有效性则取决于追随者对权力的接受程度。因此，在学校实践活动中，校长要成为变革式领导者，必须合理使用权力，其中就包括校长适当对教师和中层干部赋权。适当的赋权，能够提高决策的科学性和民主性，在一定程度上能提高校长领导的效能，更能有效地推动学校的发展和进步。

校长要授予教师有关专业自主和教学自主的权力、参与管理和决策规划的权力，特别是要依据教师专业化发展的需求和《中华人民共和国教师法》的规定授予教师一定的权力，以保证他们的参与权和发展权。对于中层领导者还要给予他们适当的权限，方便他们在实践工作中活动和协调，减少不必要的限制和束缚，提高管理的绩效。

问责机制的运用。长期以来，权责都是同时出现和存在的，在赋予权力的同时也要坚持问责。校长赋予中层干部和教师一定的权力后，还需要对其权力实施后的结果进行监督、问责和讨论，以达到最佳效果。

教师专业化发展。教学是学校活动的核心工作，教师的教学质量和水平是影响教学的最关键因素，因此教师的专业化发展理应成为校长领导力评价的关键。促进教师的专业化发展，需要校长发挥的领导力不仅包括能提供给教师专业发展的机会、培训等，还包括各项制度的建立、校本研修的计划制订等。此外，还需要校长对教师进行专业化的引领，从专业角度给予指导和帮助。

（三）沟通与协调

沟通与协调是校长开展学校各项工作的基础，也是实施有效领导的前提。校长作为学校的领导者和管理者，处于错综复杂的人际关系网络中，对内面对的是全校师生，对外面对的是上级教育行政部门、家长及社区等各类人员。为提高学校管理水平，加强部门和组织间的合作，校长需要与师生进行持续、有效的沟通。只有通过沟通，才能整合团队的力量，进行科学决策，提升执行能力，进而促进学校的发展。

同时，学校作为一个开放的系统，是"一个通过与环境的输入和输出来调节生存状态的自我维持系统"。也就是说，学校必须不断与学校外部进行信息、能量交换，才能实现发展。这就需要校长与学校外部各级各类人员进行有效的沟通，包括与政府及教育行政部门、社区及学生家长、其他兄弟学校之间进行信息交流。通过多种形式的沟通与交流，可以聚集多种资源为学校所利用，也能够加强学校与外界的交流和互动，从而使学校更加有序、有效地运行。因此，校长的沟通与协调能力是校长领导力强弱的直接体现，也影响了校长领导效能的高低。

（四）监督与改进反馈

监督就是监察和督导，是指校长为了保证学校愿景和目标的顺利实现，对领导和管理过程中的各个要素、环节进行的检查和督导，以使学校的决策和计划得以顺利实施。所以，校长监督是确保学校愿景和规划实现的一种规范和保证。

改进主要指对已有活动或行为存在的问题进行回应，并提出有效的解决策略。校长的反馈主要是对学校管理与领导过程中的各项活动进行检查分析后的总结和回应。通过反馈，学校各部门、各组织和师生能够对活动的各个方面有全面的认识，并从中总结经验和吸取教训，提出有效的改进措施，不断地提高领导和管理的效益，实现学校的良性发展。

可见，校长作为学校发展的关键人物和核心领导，需要对学校愿景的规划和实施等各项工作进行全面掌握，随时监督实施情况，并根据情况及时修正计划。反馈则是在监督过程中，对出现的各种情况进行适当的说明和沟通，并用各种方式和手段激励和支持教师，最终达到推进学校发展的成效。校长监督与反馈的最终目的是在领导和管理过程中及时发现问题，修正行为以提高领导和管理的效益。此外，监督与改进也可以为教师提供及时的反馈和评价，帮助他们提高其自身的能力，从根本上推动学校的发展。

第七章 教育现代化维度下中学校长领导力评价体系应用

第一节 校长领导力评价指标体系实施

一、坚持发展性的评价目的

评价目的是进行评价的前提和基础，也是发挥评价功效的重要保障。从评价心理运作过程来看，评价参照系统是以评价目的为核心，由价值主体、评价视角、评价视域和评价标准四个方面构成的一个格式塔结构。具体到教育评价标准而言，需要具备指标体系、评定标准两个要素。评价者为有效进行教育评价而构建的指标体系就是在评价目的的指导下，将评价目标逐层分解而构成的。

评价目的是开展评价活动所要达到的目标和要求，也是制定评价指标的依据和基础。评价目标则是评价目的的具体化，但还是比较抽象，所以还要逐层细化评价目标（零级指标），使之成为具体化、行为化、可操作化的指标，这就是所谓的评价指标体系。

与其他人员的评价不同，校长作为专业人员和教育管理人员，评价有其独特性。校长领导力的评价不是为校长升迁和奖惩提供依据，而是对校长绩效进行单一评价，也是为提升校长领导力、推动校长专业化水平发展所实施的评价。从根本上说，校长领导力评价的最终目标是具有发展性的，是以发挥和提升校长领导力为最终目的。

二、组织多主体参与评价

我国现有的校长领导力评价主体较为单一，主要评价主体为上级行政部门。国外校长领导力评价的主体则较为多元，包括校长、教师、家长、社区人员等。尽管评价主体的类型比较多，但本文把评价主体重点放在校内主体上。

通过对部分校长进行访谈发现，与校长接触最多的仍然是本校的教职工，对学校和校长工作最了解的也是教职工群体。因此本文的校长领导力评价主体以校内教职工为主。此外，上级教育行政部门作为管理校长的主要主体，对校长的观察和了解也较为充分，因此上级教育行政部门是校长领导力评价的重要参与者。

以往的评价中，校长作为被评价人不能参与评价，因而也无从对评价结果进行辩解和说明。本研究将校长自评纳入其中，从评价指标的选择开始到评价过程都强调校长的参与度，发挥校长的主体性和积极性。通过协商的方式，将校长领导力的评价内容和方式进行统一和建构，立足实际，完善评价体系。

此评价把最重要的群体——学生排除在评价的主体范围之外，这是因为中学生对校长的了解不够全面和深入，且他们对校长的直观印象并不能成为校长评价的依据。

三、实时系统的评价方式

前述国外的校长领导力评价指标体系，都运用了相对成熟的评价模式和方式，通过相对全面的评价，可以有效实现评价的有效性和推动作用。因此，本研究借鉴国外360度评价的相关研究，将三类主要人群作为校长领导力评价的主体，评价方式包括校长自评、教师对校长的评价和教育行政部门对校长的评价。通过这三类不同主体的评价，可以对比不同的评价结果，反馈评价结果，能够促进校长的进一步思考，并使校长能对自身的优势和不足有全面认识，能够更加清晰地认识自己的不足与问题，积极寻求解决的方式与途径，对提升校长领导力水平有重要的推动作用。

第二节　校长领导力评价指标体系试用

知识储备和素质能力是领导力得以实现和发挥的基础，尤其是在教育变革背景下，校长在改革过程中所具有的改革意识和创新精神、意志力和坚持性以及理论—愿景的转化能力，关系着学校变革能否顺利开展，也关系着学校变革能否取得一定的成效。价值取向是引领学校发展和改革的风向标，也是影响学校办学理念与发展的重要因素。如果校长的价值取向得到各类人群的一致认可，则说明其在办学方面和学校改革方面展现出了较强的领导力。

校长领导力也体现在愿景规划与决策方面。结合学校的发展背景来看，假设某校是在 2013 年由 2 所学校合并成立的九年一贯制学校，学校机构合并幅度较大，人员组成较为复杂，学校文化融合难度大。但仅仅在短短 2 年时间内，校长就能够得到学校教师和教育行政部门的认可，可以说这是其较高领导力水平的体现。

从提高学生发展质量方面出发，学生发展的质量与水平是学校最根本的任务和追求，也是考量校长领导力发挥效能的最主要的外显形式。本研究所制定的校长领导力评价指标中，将学生的学业跨年度进步程度、学习动力提升和品德行为表现作为其中的三项指标。

从鼓励和支持教师专业发展方面的效果切入，教师作为学校发展的核心主体，其专业能力和发展水平是影响教学质量的关键，因而根据教师发展需求，校长运用多种途径和形式保障其专业发展具有基础性的意义。在此基础上，校长所提供的保障措施的适宜性及效能则是衡量校长领导力最为根本的指标。

第三节　评价指标及其体系优化思考

一、校长领导力评价的整体性与相对独立性

校长领导力是一个整体性概念，是校长素质能力、领导情境和被领导者共同作用的过程。因此，在校长领导力评价指标体系中，领导者素养、领导过程和领导效能三个方面是联系统一的整体，缺一不可。

从评价模式的角度来看，领导素养是领导力评价的背景，是领导力发挥的影响因素。领导者素养是领导力发挥的基础，属于领导力评价中的基础要素。领导过程则关注的是校长如何实施和发挥领导力，对此的评价属于对过程的评价。领导效能关注校长领导力发挥的作用和效益如何，对此的评价属于结果评价。

从根本上来说，校长领导力评价属于整体性评价。校长领导力评价不是对校长某一素质或能力的评价，也不是对校长领导的绩效进行评价，而是着重对校长素质或能力发挥程度以及领导过程的整体的、综合的评价。

同时，校长领导力的评价又具有相对独立性。相对独立性主要是指校长领导力的评价指标之间具有相对独立性，不具有直接可比性。如本研究所构建的校长领导力评价指标体系中，由于权重的不同、关注点的不同，指标之间无法进行直接比较。但是，

每一级指标可与其自身进行比较，发现优势与不足，为领导力提升提供充分的依据。

二、关注评价的实施过程

评价作为引领和推动校长领导力发展的重要因素，不是简单的评价者对被评价者进行打分的过程，而是一个复杂的、多样的过程，需要关注评价主体、评价工具的运用和评价模式的选择等要素。

首先，尊重校长的主体参与意识。评价校长领导力是为了让校长认同评价、支持评价并积极参与其中，根本目的是促进校长的专业发展和领导力提升。这就需要重新审视校长在评价中的地位和作用，制定合理的评价内容和评价标准，突出校长在其中所能发挥的作用。校长的主动参与和积极配合，会对评价内容和标准的制定提供可供参考的意义，也能提高校长对评价的认同感，进而发挥评价的实效性。

本文构建的校长领导力评价指标体系从内容的选择与制定，到标准的设置，再到评价的实施，都将校长作为主要的参与者参与整个评价。通过对评价内容和标准的意见征询，使校长认可评价的作用和内容。通过校长的自评，尊重校长的知情权，同时也激发校长的反思能力，对校长领导力的提升起到了积极的作用。

其次，评价工具的修订与运用。我国已有的校长评价标准缺乏一定的理论依据，且没有关注校长专业标准，也未聚焦于校长领导力提升，因而评价效果并不理想。这与我国缺乏相应的评价工具有很大关系，也与评价工具的运用不当有直接联系。本研究试图构建的评价指标体系，运用德尔菲专家咨询法，并结合访谈等方法，经过多次修订和完善，力求达到评价工具的科学性和有效性目的，从根本上保障评价的信度和效度。

此外，如何运用评价工具也是需要关注的问题之一。对评价目的的理解在一定程度上决定了评价工具的使用效果，因此在使用评价工具时要明确评价目的并关注其发展性，避免在工具运用时只关注结果，而忽视了工具本身所具备的引导和指向功能。

三、重视评价结果的反馈与运用

长期以来，我国在对校长评价结果的运用方面往往是只将其作为鉴定和奖惩的依据，而忽视结果对被评价者的推动和督导作用，这就导致校长对评价出现排斥心理，影响了评价的真实性和有效性。

笔者认为，及时沟通与反馈评价信息和结果要贯穿在整个评价过程中，只有这样才能使校长获得最真实的信息，促使校长进行总结和反思，发现自身的不足，更好地实现校长领导力的提升。

评价结果的呈现也要更加详细、具体，便于校长理解和执行。如本研究对校长的领导力评价结果进行分析一样，除了告知基本的评价结果外，还要深入分析和讨论其优势和可提升的空间，方便校长理解和反思。

评价结果除了作为校长反思与改进的依据外，还要与校长的培训和管理等工作相结合，以构建完善的体系，全面地促进校长领导力水平的提升。评价作为提升校长领导力水平的途径之一，并不能完全取代其他方式，而校长入职要求、职中培训和管理等都与领导力水平的提升有密切联系。因此，必须加强评价与校长其他相关工作的结合，从根本上保障校长的发展。

第八章　教育现代化维度下
中学校长领导力问题及其源头

第一节　教育现代化维度下中学校长领导力问题

一、校长决策能力方面存在的问题

（一）决策目标不够清晰

从长远来看，学校需要做出愿景规划，就需要做出战略决策。很多校长都立志要把学校建设成为市重点学校、省重点学校，甚至是全国重点学校，但也仅仅是一个设想，并没有计划如何才能把学校建设成为市重点、省重点学校，甚至是全国重点学校。上到校长，下到一线教师，对如何建设重点学校都没有明确的概念，导致将学校建设成为重点学校的决策未能实现，决策仅仅成为一句口号。为杜绝此种情况发生，校长在做决策之前，必须明确要达成的目标，保证决策的有效性，并将决策的目标系统化划分，形成阶段性目标，还要对决策的执行过程做出明确规定，同时做出具体分工，明确责任，保证决策的顺利实施。

日常决策也要有明确目标。在信息化高速发展的今天，学校必须加大对学校信息化的建设投入，这样做不仅能提升学校的硬件设施水平，还可以为广大师生提供一个良好的平台。但是，有的校长认为加大对学校信息化的建设是为了应付上级检查审核，或是为了提高学校的知名度，吸引优质生源。目标错误或含糊不清，会直接影响学校实施决策的侧重点以及实施效果。

（二）决策执行效果不佳

衡量决策能否真正发挥出作用，除了要看该决策是否正确，还需要看该决策的执行效果。如果没有将决策付诸实践，或者执行不到位，会大大削弱决策的力量。实践中，决策虽然很好，但是由于领导在制定决策时没有站在执行人的角度来考虑实际情况，使决策无法执行或执行十分困难。所以，校长在制定决策的时候，要结合学校的实际情况，充分考虑学校的客观条件，站在执行者的立场看问题，充分考虑可能出现的问题及面临的困难，提出解决意见供其参考，最大程度上保证决策顺利实施。

（三）教师对决策认同感弱

决策的执行者对决策的执行效果具有重要的作用。所以领导在制定决策之前，要充分考虑广大执行者的意愿，充分听取执行者的声音，了解执行者的需要和困难，这样才能增加执行者对决策的认同感，使决策顺利执行。在学校，广大师生是学校决策的具体执行者，因此，校长在制定决策之前要考虑广大师生所能承受的极限程度。如果广大师生认为该决策与自己的意愿相符，再具体执行起来才会事半功倍。

（四）危机决策经验缺乏

根据决策的可靠程度划分，决策可分为确定型决策、风险型决策和不确定型决策三种。对于学校来说，决策也分很多种，有关于学校长远发展的战略决策、日常决策和危机决策，这些都属于风险型决策，结果不可预知。因此，这就要求校长在执行决策的过程中，必须根据当时的实际情况及时调整。同时，学校的师生众多，面临的突发状况也相对较多，这就要求校长平时要多了解这方面的情况，借鉴已有的实例，多多学习其他学校的经验，总结分析。

二、校长执行能力方面存在的问题

校长执行能力的强弱直接反映学校的执行能力，因此，可以从学校执行能力中存在的问题分析校长执行能力存在的问题。

（一）执行意识淡漠

现实中，很多学校都有长远的、科学的发展战略，且该战略充分考虑了学校的实际情况和执行者的意愿，但是最后所取得的效果却不是很理想，这是为什么呢？究其原因，主要是后期发展战略执行效果不佳。很多学校都存在"三分钟热血"情况，重规划、轻执行，以为制订了规划就自有人去执行。但是事实上，学校的执行主体是广大师生，而教师有教学任务，学生有学习任务，所以执行者执行意识比较淡漠，这就需要管理者时时提醒，并制定相应的监督制度，才能保证决策的顺利执行。

（二）执行体系失灵

学校采取的是科层制的管理结构，权责分明，等级严格，部门间独立运作，各司其职，由此导致很多部门在执行决策过程中只重形式，不重效果，各部门之间缺少沟通和配合，只对各自的上级负责，并不关注任务整体执行情况，一旦出现问题互相推诿，使执行的标准不断降低，造成决策执行效果不佳。

（三）执行团队不力

执行团队的态度和凝聚力直接决定了执行的质量和效果。但是，很多学校并没有形成强有力的执行团队，教师之间没有形成良好的合作关系，各自的职责和使命也不明确，有的教师仅从个人利益出发，不从全局考虑，总对上级的决策持保留意见。所以，在执行的过程中，各级执行者会将自己的保留意见发挥出来，最后导致决策的失真。还有部分教师由于年龄或其他方面的原因，对于学校的一些新的变革和决策并不配合，如果学校不能适时地进行引导，学校的执行水平会受到消极影响。

三、校长团队建设方面存在的问题

(一) 缺少优秀的团队文化

何谓团队文化？团队文化就是指一个团队在发展过程中形成的被大家所认可的，并对其成员有一定影响的观念、态度和行为准则，是团队精神的产物。建设团队文化，主要是使团队成员形成共同的价值观，使其共同遵守一定的规范，便于团队成员之间的协作。团队文化作为一个团队的软实力，与团队的规章制度等硬实力相互作用，共同致力于团队凝聚力的建设。对于一个团队来说，一定会有一个共同的理想和愿景规划。学校是一个思想多元化的聚集地，其团队的成员大多是知识分子。因此，营造一个健康向上的文化氛围是学校团队建设的重要问题。但是团队成员众多，团队成员在个人素质、性格特征、文化水平等方面存在差异，会导致团队文化在创建之时出现分歧。

(二) 成员整体素质不高

学校团队作为学校决策的主要执行者，团队成员的素质对学校决策的执行效果有着重要的影响。因此，学校要想提高竞争力和综合实力，必须不断提升团队成员的素质，以满足学校发展的需要。提升学校团队成员的素质，并不仅仅指提升教师的教学素质，这里说的提升团队成员的素质，主要是指提高团队成员完成团队工作所需要的技能和加强自觉遵守团队规章制度的意识。学校通过对教师进行相应的培训和教育，使其真正融入到学校这个大团队之中，而不是搞个人主义或拉帮结派。

（三）缺乏团队精神

所谓团队精神，是指团队成员为了团队利益和目标，相互协作、尽心尽力的意愿和作风。团队精神是一个团队的灵魂。团队中的每个成员都会受到团队精神的影响。因此，学校要注重培养教职工的责任感，增强学校团队的凝聚力，努力培育出优秀的学校团队精神。从团队精神内涵来说，团队精神包含三个层面的内容：团队的凝聚力、团队合作的意识和团队高昂的士气。学校团队成员如果从内心都不认可所在团队，团队没有形成一个较强的凝聚力，团队成员则很难为团队贡献力量。如果团队成员之间互敬互助、荣辱与共，则说明这个团队有较强的凝聚力；相反，则凝聚力弱。

（四）分配制度不合理

当今社会，打造一个优秀的团队，不仅要有合理的规章制度、良好的运行机制，还需要有科学的评价体系和合理的分配制度。部分学校之前的成绩非常理想，教师具有较强向心力，学生升学率也很高。但是近几年，由于学校教职工平均工资明显低于同类学校，很多优秀教师纷纷选择跳槽。优秀师资的流失直接影响了学校的升学率和学校团队的建设，学校的声誉也受到影响。所以，建立合理的分配制度，不仅仅是指学校内部的分配制度合理，还包括在同类学校中建立有竞争力的分配体制。学校内部要在公平合理的基础上，对为学校有突出贡献的个人和集体进行奖励（物质奖励和精神奖励并举）；在学校外部，要使教职工的工资有较强的竞争力，这样不仅可以调动教职工的工作积极性，还可防止优秀师资的流失。

四、校长沟通能力方面存在的问题

沟通能力主要体现在沟通意识、沟通方式等方面，下面笔者就中学校长沟通能力方面存在的问题加以分析。

（一）沟通频率低

校长的沟通，主要包括与上级单位沟通、与学校教师沟通以及与学生家长沟通。调查显示，校长与教师的沟通频率是最高的，与上级单位和学生家长的沟通较少，其中与学生家长的沟通频率最低。从中可以看出，校长还没有正确认识到与上级部门、与学生家长沟通的重要性，很多校长没有把沟通落到实处。校长因为每天工作较多，与沟通的对象（上级部门、教师和学生家长）在时间上很难达成一致，于是就一拖再拖，最后沟通频率越来越低。

（二）沟通方式呆板

目前校长所运用的沟通方式主要有座谈、会议等方式。但是这些沟通方式已经不能完全适应当今社会的需求。在现代科技高速发展的今天，一些非正式沟通方式应运而生。比如，校长可以通过电子邮件和微信的方式与教师、学生家长、学生进行沟通。除此之外，校长还可以在休息时间以闲聊的方式与教师进行沟通。这些方法不仅可以丰富沟通的方式，还可以掌握更多真实的情况，提高沟通的效率。

（三）沟通表现欠缺

有关调查显示，大多数校长主要采用口头与书面沟通的形式与沟通对象沟通，非语言沟通（主要包括动作、表情、仪表、行为等）的方式运用得较少，可能是因为口头沟通、书面沟通的方式具有方便快捷的特点，但是校长与其沟通对象进行沟通时表现出来的一些非语言沟通往往也对沟通效果产生较大影响。比如，校长与学生家长进行沟通时，如果校长着装不修边幅，会给家长留下一种邋遢的印象，进而会对学校的校风、环境、管理产生质疑。

（四）沟通效果不佳

在学校的管理中，校长与教师、学生单独面对面的谈话形式所取得的效果相对来说好一些，但是毕竟学校的人员众多，校长要想和每个人都面对面谈话并不现实。所以，多数校长会采取集体会议的形式进行沟通。但是，会议是以校长讲话、传达信息为主的一种沟通方式。这种沟通方式是一种单向交流，只是表达了校长和学校决策层、管理层的意见，很少会接收到来自被沟通者的反馈，即很多人没有接收到信息，或者接收到了错误的信息，校长也无从得知。因此，沟通的效果和预期存在显著偏差。

第二节　教育现代化维度下中学校长领导力问题源头

一、校长决策能力方面存在问题的原因

（一）分析问题片面

校长在制定决策之前，需要根据当前的问题以及未来的发展趋势做出较为全面、系统的分析。如做关于学校发展战略决策时，校长就需要结合当下社会的大环境和学校内部的客观条件（如人员、资金、设备等）、教育发展的趋势等方面加以分析。如做日常管理决策，校长就需要分析学校规模、发展趋势、学校人员的特点，分析学校的实际运行状况，由此制定配套的、具有本校特色的规章制度。如学校发生突发事件，需要校长制定危机决策时，这就需要校长有较强的分析问题的能力。但是因为校长事务繁多，有些权力下放，很多事情都是下属的工作人员直接处理，所以校

长不能全面掌握具体情况，不能对每个问题进行透彻的分析，进而影响决策的科学性。

（二）预测不够到位

"凡事预则立，不预则废。"制定决策亦是如此。校长所做的决策是关于教育方面的决策。从微观来说，决策关系着一所学校的发展；从宏观来说，决策关系着我国教育事业的未来。所以进行决策时，校长必须科学地预测教育发展的趋势、社会发展的趋势以及学校未来的走向，用长远的、全面的眼光考虑问题。学校进行人员安排和资源分配时，也需要校长对学校的发展及人员的发展有一定的了解和预测，挖掘有潜力的适合特定岗位的人员。但是，在实际操作中，由于社会原因、政策不健全、学校的特殊情况等因素，校长不能做到预测到位，所制定决策不能使学校全员都满意，这时就需要校长提前预测所制定的决策可能带来的后果，并制定出相应的对策。危机决策中，校长的预测能力显得尤为重要。当学校出现突发事件时，校长必须准确地预测事件的发展趋势和可能出现的后果，及时地制定出正确的决策。

（三）决策缺乏果断

校长平时要做出很多决策，但是制定决策时可能会受到许多来自学校内部和外部的干扰。比如上级部门、学校教职工、学生及其家长等，他们都会从各自的角度或利益出发，对学校提出各种建议和需求。虽然这些建议和需求有时候会对校长决策的科学性和合理性起到一定的积极作用，但同时也会干扰校长所做出的决策。学校的决策大部分可以体现出校长的人格、智慧和经验。校长在面对众多建议和需求时，需要站在学校整体发展的角度，权衡利弊，制定最佳决策。如果校长没有足够的魄力坚持原则、力排众议，总是犹豫不决、瞻前顾后，很可能影响决策的科学性，从而影响学校的良性发展。

（四）创新能力欠缺

由于所处历史时期、学校发展状况、学校实际情况等方面不同，每个学校不可能面对相同的问题，这就需要校长对不同的问题提出相应的解决办法。因为即使学校遇到了一个与其他学校相同的问题，但本校的情况（如教师结构、生源、学校发展水平等）与其他学校也不同，如果直接照抄照搬，不仅不会取得理想的效果，还可能弄巧成拙，所以学校决策的执行需要校长具有创新能力。目前我国的校长的平均年龄虽然呈现出年轻化的趋势，但还有很多校长习惯了以前的做法，不善于创新，喜欢固守以前的规矩，所以要加强校长的创新能力。

二、校长执行能力方面存在问题的原因

（一）制度实效性差

每个学校的运行都有一定的制度作为保障。但是，在现实中，部分学校的制度存在着诸多问题，这些问题影响了学校决策的执

行。一是制度老化。学校的制度是从建校就开始有的，不同时期的制度反映了不同时代的需求。随着社会的发展，有些制度就不再适合时代发展的需求，需要及时进行调整和改进。但是，在实践中，有些学校却故步自封，无视社会的变革和学校的发展，继续沿用原有制度，使制度执行起来困难重重。二是制度零散、缺失。伴随着教育体制改革不断深化，原有的学校制度已经不能满足教育发展的需要，这就需要学校及时制定系统化的适合教育发展的新制度。但是有些学校没有这样做，而是出现了新情况就临时制定了一些新制度。这导致学校的制度比较零散，不成体系，一旦出现新问题，学校教职工又无据可依，只能凭经验办事，最后影响执行效果。三是制度缺乏实用性。有些学校为了做到独具一格，忽视了学校的实际情况，而直接照搬其他学校的特色管理制度，致使很多制度在本校无法实行，更别提起到实际作用了。

（二）执行监管不力

教育工作者说："有些制度是公认有效的，但在一些学校实行起来效果非常差，其原因就在于制度没有被很好地执行，管理者要为此承担绝大部分责任。"很多校长认为自己只要制定出决策就算完成工作职责，执行是教职工的事，和自己没有关系，但事实并非如此。校长在做出决策之后，需要身体力行，起到"领头羊""带头雁"的作用。如果要求全校教职工都做的事，自己却找借口推辞，不予执行，会严重影响整体的执行效果。而且，校长制定完决策后不予管理，时间一长，会使学校的教职工对学校的制度产生质疑，使学校的制度没有信服力。这些都是执行监管不力的后果。

（三）学校文化贫乏

在学校管理中，除了有硬性的学校规章制度之外，还有一种无形的制度，那就是学校文化。优秀的学校文化可以使教职工具有积极的工作态度，并使教职工能够自觉地执行学校的各项决策，提高学校决策的执行力。而学校文化的贫乏会使教职工出现懈怠情绪，阻碍学校决策的执行。

三、校长团队建设方面存在问题的原因

（一）管理体制不够科学

在学校科层制的管理体制中，校长处于管理体制的最高点，具有最终决定权，学校师生仅仅具有建议权，并未参与到学校决策中，只能被动地执行学校的决策，导致很多师生缺乏主人翁意识。因此，在实践工作中，教职工把更多的精力投入到自己分内的工作中，不太关心学校的发展。在这种体制中，学校成员分工相当明确，每一事项都有专门的工作人员负责，岗位职责明确，各个部门的工作人员缺少合作的机会，学校人员相互依存度低。很多工作人员都只负责自己分内的工作，不去了解自身工作在整个学校团队中的地位和作用，具有较强的封闭性。

（二）评价体系不够健全

教师评价体系是否健全，会影响到教师的工作态度和工作重心，从而影响到学校的团队精神。目前，我国中学教师评价的对象主要是教师个人，没有对整个科室或者整个教学组进行评价，这就使教职工更加注重个人的成绩，很少去加强与团队中其他成员的联系。教师在进行职称评定时，主要看所教班级的学生成绩、教学工作量、发表论文数量和质量、主持或参与课题数量等显性指标，而不看重教师是否参与学校及团队建设。

（三）分配制度有待完善

要想建立一支优秀的团队，不仅需要科学的管理体制和健全的评价体系，还需要有完善的分配制度。对于团队成员来说，只有在相对公平的环境中，享有比较合理的利益分配，才能使其用积极的态度去参与团队建设和学校建设。由于资源有限，很多学校在教师的奖金、职称评定、福利待遇等方面，存在一些不公平的现象，在这些方面学校往往偏向班主任、主科教师和资深教师，而一些副科教师和年轻教师在学校的分配中往往处于劣势，使副科教师和年轻教师产生抵触情绪，影响学校团队的建设。

（四）团队精神有待培养

在宏观背景下，学校对教师的评价主要是以教学成绩为指标的绩效评价。这使得教师把主要精力都放在自己的教学成绩和班级管理上，为了个人的切身利益，教师之间竞争多于合作，长此以往不利于培养团队精神。

四、校长沟通能力方面存在问题的原因

（一）沟通作用认识不到位

在学校的日常管理中，校长往往直接制定决策，长此以往，慢慢地就忽视了与广大教职工和学生的沟通。学校的决策能不能执行，执行的效果如何，主要是通过教职工和学生的行为习惯体现出来的，这就需要教职工和学生有效地吸收校长传递的信息。但实际上，上到校长，下到教职工和学生，都没有重视有效沟通，对沟通的作用认识不到位，也不利于团队精神的培养。

（二）沟通渠道不畅

沟通是校长传递信息的形式之一。不畅通的沟通渠道，不利于信息传递，导致沟通信息无法传递出去，阻碍领导者能力的发挥。中学校长领导力的沟通渠道按其涉及的范围划分，主要是学校、家庭和社区，不同的沟通渠道产生的沟通的效果也不尽相同。学校是中学校长沟通的主要渠道之一。这种沟通渠道由于其时间和空间方面的便利，使得信息沟通较为顺利。但是教职工和学生主观上若没有参与沟通的意识，也会阻碍沟通的顺利进行。学校与家庭的沟通受学生家长工作、时间等方面的限制，沟通效果受

到影响。在学校与社区的沟通方面，社区工作的流程相对烦琐，需要耗费一定的时间，也会影响沟通的效果。

（三）沟通方法较少

面对新形势，校长应该采用多种方法、多维度沟通，以便达到更好的沟通效果。目前在我国中学，校长与教职工和学生的沟通主要采取的是书面沟通和口头沟通的方式。但是这两种沟通方式是以单向沟通为主，有时达不到理想的沟通效果。

（四）沟通方式未有效结合

校长与教职工和学生的沟通方式除面对面直接交流外，还可以通过手机、网络等手段进行交流。笔者认为，基于我国中学的现状，还应以面对面直接交流的沟通方式为主，以手机、网络等沟通方式为辅。面对面直接交流可以拉近校长与被沟通者的心理距离，还可以直观地感受到被沟通者的情绪、心理的变化，有利于提高沟通效果。当然，手机、网络沟通是现代社会必不可少的沟通方式，因为这种沟通方式不受时间和空间的限制，又避免了面对面沟通时可能遇到的尴尬和两难，往往会收到意外的效果。具体采用哪种沟通方式，或结合哪几种沟通方式，要根据实际情况灵活变通。无论采用哪种沟通方式，都需要领导者以真诚的态度对待，这样才能取得良好的效果。

第九章 教育现代化维度下
中学校长领导力完善建议

第一节 标准：校长领导力建设前提

校长是专业化很强的职业，对任职者有很高的要求，但在我国，由于历史的原因，中学对校长任职资格的规定并不相同，而中专并没有一个统一的规定要求。在已有的中学规定之中，对校长的要求大致分为政治素养、业务知识、岗位能力和基本任职条件等，但不同学校对各部分的要求并不相同，也难以测评。这里对最容易评价的基本任职条件再做一个比较。在经验方面，中学要求有五年以上教育、教学工作经验；成人中专要求有五年以上教育工作经验，有担任副校长或相当于副校长的职务两年以上工作经验。在岗位培训方面，各类学校都要求接受过岗位培训，并获得岗位培训合格证书。在身体方面，都要求健康，能胜任校长岗位。

从以上比较中不难发现，我国在中学校长任职的最基本条件上也有着较大差异，在政治素养、业务知识和岗位能力要求等方面更没有统一的标准。这种状况对提高我国中学教育的质量是非常不利的。成功的校长在各个方面的条件都可能是比较出色的，但是他们在整个校长队伍中只占少数，他们的成功并不能代表中学教育的成功。只有校长队伍的平均水平较高，尤其是最低水平也能保持在不低的层面上时，中学教育的质量和水平才能得到保证。因此，我国亟须建立一个统一的中学校长任职资格标准，以便各省市按照统一标准和规定的程序去选拔最适合的校长。

建立统一标准，首先可以使中学拥有一个共同的校长标准，使《2003—2007 年教育振兴行动计划》中提出的健全校长考核、培训、激励、监督、流动等相关制度成为可能，否则就只能是各部门按各自的标准去考核、培训和监督，而流动就永远只能在本系统内、本部门内进行。但有些地方中学数量本身就少，几类中学之间因为标准不同、行政归属不同，中学内部的校长流动实际上不能进行，只能在普通中学或其他企事业单位之间进行流动，而从其他单位引进的人员对中学教育的认识和理解总是需要一个过程的。只有建立系统化校长流动机制才能实现有现实意义的流动，这种流动才能更好地促进中学教育的发展。其次，统一标准可以建立在一个较高的层次上，从而弥补原先各类中学制定的校长标准偏低的不足，例如原先对校长的学历要求，有的学校只要求大专学历，甚至于没有学历也可以用职称等来替代，这显然已经不能适应当今中学教育发展的需求。现在对中学教师都已经是本科或本科以上的学历要求了，如果对校长的学历要求还只是在专科的层次上，显然太低。只有较高的标准才能给校长们树立一个目标，并为他们指出成为成功校长的路径。标准过低则会降低校长的专家权和参照权，从而使校长在工作中可能过多依赖职位权力，而对职位权力的过多依赖无法使教职工树立对学校发展的信心，至多只是对权力的顺从。综上，建立统一标准极为重要。

统一标准能进一步明确校长的职责，避免以往由于校长职责过于宽泛、过于笼统而产生的弊病。《中华人民共和国教育法》（以下简称《教育法》）中规定"学校的教学及其他行政管理，由校长负责"，校长负责教学是《教育法》明确规定的，但在本文第五章中四位校长的主要精力并不在教学上，而在"其他"上，而他们又恰恰是成功的校长，受到各种认可和表彰。这种矛盾现象似乎很难解释，一种可能的解释就是政府和社会给予中学校长除教学外更重要的职责，而这种职责并没有明示。这四位校长却敏锐地意识到了，并尽力履行了这些隐性的职责，因而取得了成功。这种谜语似的职责显然不利于校长队伍建设，因而统一标准不仅需要明确哪些工作是校长的职责，同时也要明确哪些工作不是校长的职责，不能搞成现在实践中所体现出的与学校有关的一切事情都是校长的职责，甚至把一些政府职责和社会职责也变成了校长的职责，否则就可能导致这样的结果：错误地以为完成政府职责和社会职责较好的校长才是好校长。当然，还有另外一种选择，就是将这些政府职责和社会职责明确地规定为校长职责，改变校长的任职资格标准和校长的权限，使之与职责相匹配，这样虽然不是很好，但最起码可以避免校长在工作中"猜谜语"。

对校长的政治水平、业务知识、岗位能力、个人素养等方面的规定要尽可能具体、可操作。这几个方面的要求很难是刚性的，人们在对候选人进行考察时，把握的尺度也不会完全相同。因而，只有具体、可操作的规定才能尽量减少执行过程中的误差。如果达不到这些基本条件，则一律不得晋升为中学校长，因为校长首先是促使学生成功的教育领导者。有了统一标准的保障，才能避免"木桶理论"中的短板效应在中学校长领导力中出现。

校长要将与学校相关的政策法规读懂、读透，并深入研究本地区的政策，保证学校沿着正确的方向发展。如果校长不能充分解读国家和上级的各项方针政策，不积极落实国家关于新课改的要求，那么学校就很难发展。

"没有调查就没有发言权"。学校的工作纷繁复杂，千头万绪，校长只凭个人经验、学校的规章制度或者直接照抄照搬其他学校现成的经验进行决策是不行的。校长在做决策之前，还要对学校的微观环境进行细致的了解，准确把握一线工作人员的真实情况，对学校存在的各种实际问题进行深入的研究，并依据实际情况提出相应的解决对策，充分发挥学校相关机构的组织协调作用。校长在做决策之前，应充分考虑广大教职工的意愿，站在他们的立场为他们设身处地地考虑问题，尤其是关系到利益问题（物质利益和精神利益）时，一定要做到公平公正，这样才能从全局上把握学校的发展方向，学校决策也能更具有科学性和可执行性。

侧重创新能力的培养。首先，在把握新课改的前提下，校长要准确掌握国家教育改革的动向，制定出符合自己学校的办学理念和目标；其次，校长必须具有终身学习的理念，现代社会知识更新速度太快，不断拓宽自己的知识面，既可以防止被社会所淘汰，还可以在办学过程中发现新思路、新方法，从而带领学校所有成员共创辉煌。

借鉴成功经验。学校人员众多，需要管理的事情千头万绪，而且对象是活生生的人，无论是教职工还是学生，都有个人思想，对待事物都有自己的认识和看法，所以在学校日常管理中可能会出现一些突发情况，令人措手不及，一旦处理不好可能会造成重大的恶性后果。作为学校的决策者，校长在做决策的时候不能只考虑自己的喜好或仅按照已有的规章制度进行决策，还要适当借鉴其他学校处理同类问题取得的成功经验，当然，只是借鉴，而不是完全照抄照搬，要结合学校自身的实际情况加以改进再运用。

校长作为学校各项事务的最高决策者，在进行决策的时候，要从全局的高度来思考，可以利用哲学思想中的一些方式和方法，如联系与发展、一切从实际出发等原理都可以用到学校的决策当中；学校中，由于人数众多，来自广大师生的"声音"也是纷繁复杂的。有赞美的声音，有随波逐流的声音，也有抱怨的声音，这时，校长不能采取一刀切的方法，而是要善于从那些抱怨的声音中提取潜藏的信息，分析当中有没有合理因素，对决策是否有利，如果有利，就要吸纳到决策的方案中；最后，校长还要提高广大教职工在决策中的参与度。群众的力量是伟大的，群众的智慧是不可限量的，让教职工参与到决策过程中，是校长实行民主管理的方式之一。教职工在参与的过程中，会提升对决策的认同感，有利于决策的执行。当然，教职工提出的建议要根据学校的战略发展状况进行取舍，如遇到不适合学校当前或长远发展或不太合理的建议时，校长应不予采纳，并向教职工讲明其中的利害关系，得到其理解和认同。一旦做出决策，应该以公告的形式向全校公开，方便全校人员进行民主监督。除此之外，校长还可以通过个别谈话、开通校长热线等方式加强与教职工和学生及其家长的沟通，对适合学校发展的好建议应诚心采纳。

第二节　选拔：校长领导力提高机制

中学校长的选拔除了在范围上有待拓宽外，在实践中，还存在着校长执行标准不够严格、监督体制不够完备等问题。因而，为了有效加强中学校长队伍建设，把控好校长入口关，需要对现有的校长选拔任用制度做较大的变革。教育部在《2003—2007年教育振兴行动计划》中也提出要全面推行校长聘任制，但要避免实际操作中"新瓶装旧酒"的现象，不能仅仅是换一个名词而已。

为了避免这种现象，需要解放思想，正确认识党管干部的原则。学校是培养青少年意识形态的重要场所，因而对学校校长的选拔任用毫无疑问要坚持党的领导。同时，"我们对于党管干部原则的理解，应该立足于对其精神和思想意义的理解，而不能进行机械和工具意义的理解。不能把'党管干部'的'管'仅仅理解成直接具体的选拔、委派、管理和控制，而应将其理解为选择、聘请、发现"。

第一，选拔的范围要彻底打破原先的系统和地域限制。在这个方面，我们可以借鉴国外的校长选拔任用制度中的优点，在媒体上发布校长招聘启事，明确岗位职责和对候选人的资格要求，使校内外符合要求的人士都可以参加竞聘，从而有效弥补现在的选拔范围过于狭窄的缺陷。通过公开选拔，使最有能力领导学校发展的人走上校长岗位。

第二，扩大校长选拔的参与面，成立由上级党委、教育专家、学校教师和职工代表以及家长和校友代表共同参加的选聘委员会。成立选聘委员会可以使与学校发展有关的人员积极参与到校长的选拔过程中，增强他们的责任感。选聘委员会负责招聘条件制定、材料筛选、面试等全过程，从而加强对校长选拔任命工作的监督，增加选聘工作的透明度，避免暗箱操作和可能产生的腐败行为。

选聘委员会在制定校长选拔条件时，必须严格执行国家统一规定的校长专业标准及选拔程序，但可以根据学校的具体特点，提出一些特别条件，例如要求候选人具有在某一领域的专门知识等，但不能以降低其他标准为代价。为了确保党管干部的原则得到落实，上级党委应在委员会中起主导作用，并重点对候选人的政治素养和人品进行考察，以确保选拔出来的人员具备较高的政治素养和道德水平。对于参加面试的候选人，要到其原任职单位的群众中去了解情况，因为群众的眼睛是雪亮的，一个人的人品只有在长期的交往中才能真正地体现出来。

第三，健全校长资格制度。所谓校长资格制度是一种校长专业所特有的专业资格准入制度，它的核心是校长资格证书制度。在国外，大都有比较严格的校长资格证书制度，获得该证书是参与应聘校长的必备前提条件。而我国，早在20世纪90年代初就对校长任职基本条件做出明确规定，这可以看作是我国校长资格制度的雏形。在1997年12月31日原国家教委颁发的《实行全国中小学校长持证上岗制度的规定》中，进一步明确和规范了校长持证上岗制度。但是至今，仍未形成较为系统、完善的中学校长资格证书制度，依然用"岗位培训合格证书"代替"校长资格证书"。笔者以为，应尽快建立中学校长资格证书制度，其中尤其要对学历和学力做出新的规定。就学历而言，本研究的问卷调查结果分析表明，校长领导力水平因其学历层次不同而存在极其显著的差异，并且二者呈正相关。由此可见，国外校长资格证书制度中对校长有较高的学历要求（如美国中学校长的学历要求是硕士研究生）是有其依据和道理的。因此，有必要适当提高中小学校长尤其是中学校长的学历要求，有条件的地区可以逐步提出硕士学位的要求。就学力而言，新的校长资格证书制度中应强调申请者的教育行政专业修养，如可要求候选人应当毕业于教育管理类专业或者正式参加过有资质大学为校长准入专门开发的教育管理类课程班学习，从而使得这些候选人对教育行政与领导方面的专业知识有所了解和掌握，不致将来出现对相关概念、术语都弄不明白的情况，同时对职前职后的自学进修也将有所帮助。此外，对申请者经历与经验、考核与认证也应有具体规定。

第四，实行校长聘任制，尤其是当校长的任期有一定的期限时，与现行的任命制相比，聘任制在一定程度上降低了校长的法定权，增强了教职工对校长的强制权，但并不会减少校长的权力总量，因为较高的标准、严格的程序无疑会加强校长的参照权和专家权。校长聘任制的实行还可以使校长更加重视教职工的利益，在现行的上级任命制下，校长首先要考虑满足领导的需求，在实行校长聘任制后，校长可能要更多地考虑教职工和家长、学生的需求。

第五，校长的个人权力，即参照权和专家权得到加强，而非职位权力得到加强，更有利于校长领导力的提升。权力只是一种

"影响潜能"，而领导力则是发挥这种潜能，影响他人，使人理解需要做什么以及如何有效地去做，帮助提升个人和集体实现共同目标的能力。校长领导的是学校，当校长更多地考虑学生、家长和教职工的需求时，他的思想、理念就更容易被人们理解，学校愿景就更容易被共享，在领导学校的过程中，其潜能也更能得到释放，领导力也会因此得到加强，领导效能得到提升。

第三节　激励：校长领导力发展驱动力

第一，实施双重化管理。由上文可知，科层制的管理体制不利于学校团队的形成，笔者认为，要想建设优秀、团结、高效的学校团队，需要学校实施双重化的管理。因为学校主要由教学人员和行政人员组成，他们的工作性质和工作特点不同，所以，需要实施双重化的管理。在教学系统方面，学校管理要采取较为宽松的管理制度；而行政人员主要从事行政方面的工作（如承办学校的各项活动、进行招生工作等），必须时时坚守工作岗位，这就要求学校对行政人员采取较为严格的管理制度。在双重化的管理体制下，学校团队中的每位成员都有较大的自主空间，可以简化办事的流程，提高办事的效率。在学校里，教职工除了存在于由于业务需要而形成的正式组织中外，还由于性格、爱好等相同或相近而形成了大量的非正式群体。因此，在双重化的管理体制下，学校不能仅仅依靠集权式领导方式，还要采取分布式领导方式。分布式领导与其他领导理念的最大不同在于它强调领导实践的组织层面，而非个人层面，强调领导是一种团队合作的行为，而非个人行为。在整个团队中，人人都是领导者，人人既是为自己工作，更是为他人工作。而且，分布式领导注重团队内非正式组织的作用，强调要发挥非正式组织的积极作用，促使其与正式组织进行合作，一同为团队目标而努力。因此，作为学校领导者，"校长的第一要务并不是直接改进课堂教学和学生的表现，而是树立目标、培育文化、发展具有共享价值观的学习共同体，然后通过分布于组织中各个工作团队的领导'流'，来改进课堂教学和学生的表现"。由此可知，校长在建设学校团队时，仅仅依靠规章制度是行不通的，还要注重发挥非正式组织中个体的领导才智，多多运用激励的领导方式开展工作，加强团队的合作。例如，校长对非正式组织中的灵魂人物给予尊重，诚恳地听取他们的意见和建议，并引导他们积极配合学校的各项工作，利用他们在非正式群体中的影响力使非正式群体与学校的步调一致，增强学校的凝聚力。

第二，改进评价机制。笔者认为，改进教师的评价机制需要从以下两方面入手：一是评价体系必须建立在科学合理的基础上，而且还要易于操作、便于统计；二是评价体系中要适当突出科技创新的地位，注重科技成果的比例，促进教师在教学工作中不断创新，保持高昂的教育战斗力。

第三，完善分配体系。分配体系是否健全，直接影响着一个团队的建设，所以校长要尽力完善学校的分配体系，为教职工创造一个相对公平的工作环境。完善分配体系要做到：首先，在教师的奖金发放上要有公平的、明确的标准；其次，教师职称的评定也要坚持公平的原则。学校不能因为某些科目在高考中所占的比重大，就对其任课教师有所偏向，而忽视了其他教师；也不能只按年龄排序，不管年轻教师能力如何。不公平的情况会打压副科教师和年轻教师的工作积极性，弱化他们的团队建设意识，从而影响学校团队的建设。

第四，丰富激励机制。加强学校的团队建设，提高团队的工作效率，要对学校的教职工进行适当的激励。激励之所以能发生作用，是因为人的某些方面的需要渴望得到满足。激励分为物质激励和精神激励两大类。一般来说，为了调动教师的工作积极性，很多学校主要采用的是物质激励法，具体来说就是采用增加工资和发放奖金的方式对教师的工作予以肯定并进行激励。但是如果单纯依赖物质激励，而忽视精神方面的激励，在教职工中会滋生只讲利益、忽视奉献、缺乏集体主义的思想，长此以往，教师会觉得得到物质奖励多是理所应当，如果得到的奖励少，就会斤斤计较，从而对工作产生负面影响，同时也为学生树立了不良榜样。可见，进行学校团队建设，校长必须把物质激励和精神激励结合起来。什么是精神激励？校长对教职工要尊重和信任，给予他们充分的理解，让其感受到自我价值得到体现，这样即使物质条件艰苦一些，他们也能积极地投入工作。具体来说，校长要摘下领导的光环，不能随意发号施令，做决策时要多听听工作在一线的教职工的意见和建议，对待所有教职工应一视同仁，不能有远近亲疏之分。比如，在评定职称、教师评优、外出进修和发放奖金时，应该平等对待所有教师，不能因为主副科、年龄而区别对待。同时，在教师做出一定的成绩时，校长要不吝对其的赞美和表扬，并在评价、荣誉方面使其获得满足，这会激发他们更多的战斗力。相反，如果校长对教师取得的成绩采取漠视的态度，那么会极大地削弱教师的工作积极性，教师的工作热情也会受到很大影响。

第五，注重民主，加强团队协作。要想建立一支高效的学校团队，要注重民主，发挥团队全体成员的才能，加强团队协作。学校领导班子是学校的带头团队，因此，加强团队协作，首先要从领导班子抓起。校长和校党委书记之间是否能形成良好的合作关系，不仅影响着领导班子的和谐，还影响着整个学校的人际氛围，甚至是整个学校的发展。因此，校长一定要对自己有一个准确的定位，自觉地接受党的监督。在做决策时，要勤与校党委书记沟通，出现分歧时，要换位思考，在不影响学校战略发展的基础上，求同存异，与校党委书记齐心协力，为学校的稳定繁荣做出自己的贡献。如果校长和校党委书记各为其政，互不体谅，有问题也不沟通，久而久之，分歧会越来越大，意见也会越来越多，而且这种不和谐的关系还会影响到学校的其他教职工，影响学校的团队建设。学校领导者是学校的决策者，中层管理者是学校决策的主要执行者，决策者和执行者之间只有加强合作，才能提高学校行政工作的质量和效率。以校长为核心的学校管理者不能独断专行，在做决策时，要充分考虑执行者的意志以及在执行过程中可能遇到的困难，并制定出相应的解决对策；中层管理者也要多多体谅做决策的领导者的难处，因为他们毕竟要从全局考虑问题，不能只从某个人或者某个角度进行决策。领导者和中层管理者的团结协作，对决策的制定和执行、对学校的发展都起到十分重要的作用。教师是学校的中流砥柱，教师素质的高低直接决定了一所学校的好坏，教师之间的关系如何，不仅关系到学校教学质量的优劣，还对学生的发展有着深远的影响。现在大部分学校都采取的是绩效工资制，很多教师都只关心自己所教班级的成绩，而不关注其整个年部、整个团队的成绩，所以学校在进行考核时，不应该只看教师自己班级的成绩，而应该将年部的成绩在合作校中的整体排名也纳入到考核的范围，只有该学科在合作校中取得优异成绩，个人成绩优秀的教师才可以评优、评先。

第六，从经济上进行激励，给予校长良好的薪酬待遇。校长是专业性很强的职业，一名称职的校长必须具备足够的专业精神、专业知识、专业能力和专业伦理。与社会上其他具有较强的专业性的职业做一番比较，可以更好地体现出其专业性来。医生是世界上公认的专业性很强的职业，但医生的入职资格，完全可以通过大学培养而获得。而校长仅仅通过大学培养是不够的，通常是在大学毕业之后，在教师工作岗位上工作若干年，又在中层管理岗位和校级管理岗位上经过若干年的实践磨炼，再通过校长培训才能获得校长资格。因而，在一定程度上，校长类似于企业的职业经理人。入职要求如此之高的校长职业从业者有理由期望得到与其专业付出相匹配的薪酬待遇。获取经济回报是职业的基本社会属性之一，当从业者得到的回报达到或大于预期时，就能够受到激励，否则，其积极性就很难调动起来。现实情况是，校长的工资水平与教师的平均工资水平没有多大差距，与同样专业性较强的其他职业相比，也处于劣势，薪酬回报在校内外都缺乏公平性。而"根据职位晋升原理，职位越高，升迁机会越小，薪酬差距应越大"，因而，教育行政部门应对校长的薪资待遇进行改革，加大投入力度，"增加校长的经济收入，通过提高经济回报满足其公平感，激发其高层次的需要，以此发挥物质对校长的激励作用"。提高校长的经济回报，除了可以对校长起直接的激励作用外，还可以增加校长偷懒、卸责和违规的成本，从而在很大程度上起到规避校长的偷懒行为、机会主义行为和败德行为的作用。当校长的经济回报中有一些诸如期权、退休金等远期利益时，这种作用可能更加明显，也更能使校长的个人利益与学校所有人的利益相一致。

第七，创造机会，促进校长专业发展。作为专业人员，不仅希望有晋升的空间，得到合理的经济回报，还会特别注重自身的专业发展，因为他们的人力资本就体现在专业水平和专业能力上。校长和其他专业人员一样有着非常强烈的自我专业发展意识，虽然他们也非常善于反思，从实践中提炼出对工作有益的经验，形成自己的实践理论，他们自己也会主动地学习专业知识，不断地丰富自己的知识储备，用先进的理论武装自己，用他人的经验完善自己，但是，如果教育行政部门能够为校长提供一些培训机会，甚至是学历进修机会，将无疑对校长形成激励作用，利于校长的专业水平和专业能力提高，也有助于促进学校的持续发展。关于校长培训还将在后面重点讨论。

第八，给予校长个性化的关怀。校长虽然是专业人员，有责任领导学校、管理学校，落实政府的教育方针和教育政策，但在其工作的过程中，不可避免地会遇到很多困难，有些困难也是校长难以解决的。如果教育行政部门能够体谅校长的难处，帮助校长解决其面对的困难，给予校长个性化的关怀，势必会激励校长更加努力付出。

第九，满足校长的精神需求。根据马斯洛的需求层次理论，低层次需要得到满足之后，高层次需要就占据了突出的地位。通过多年的努力，成为校长这个职业群体中的一员，校长在基本需要得到满足以后，会具有强烈的尊重需要和自我实现的愿望，他们既希望有知识、有实力、有成就，也希望能得到认可、受到尊重。上级领导、教职工、学生和学生家长及社会的信任和尊重对校长都是一种激励。"尊重需要的满足，会使人增强自信心，觉得自己在社会上有地位、有价值、有实力，有用武之地，有发展的前途。相反，尊重的需要一旦受挫，便会使人产生自卑感，失去自信心，觉得自己软弱无能，低人一等"。尊重和认可是需要校长靠成绩去赢得的，但上级领导适时的肯定、表扬以及授予一定的荣誉，是校长们非常看重的。它能够激励校长发掘自身潜力，挑战自身极限，超越自己以及达到组织上设置的目标。

第四节　培训：校长领导力提高的保证

第一，校长要有正确的角色定位。（1）全面贯彻执行党和国家的教育方针、政策、法规，坚持社会主义办学方向，努力培养德智体美劳全面发展的社会主义事业的建设者和接班人。（2）认真执行党的知识分子政策和干部政策，团结、依靠教职工，抓好师资队伍建设，努力建设一支又红又专的师资队伍。（3）全面主持学校工作。一是领导和组织德育工作；二是领导和组织教学工作；三是领导和组织体育、卫生、美育、劳动教育工作及课外教育活动；四是领导和组织总务工作，关心师生生活，贯彻勤工俭学原则，坚持总务工作为教书育人和教职工服务的方向；五是配合党组织支持和指导群众开展工作。(4)发挥学校教育的主导作用，努力促进学校教育、家庭教育和社会教育的协调一致、相互配合，形成良好的育人环境等。(5)管理学校人事工作，按党的干部政策培养、选拔和任用干部，依据有关法律法规聘用、培养、考核教师。由以上内容可知，校长在学校中扮演着教育者、领导者和管理者等多种角色。要想提升校长的执行力，校长必须能够对自己有一个准确的定位，必须能适应多种角色，能够熟练地应对繁杂的教学事务和管理事务，同时还要学会分权，将一些事务交给擅长的人去做。

第二，校长要坚持学习。在学习理论知识的基础上，校长还要对已掌握的理论进行实践，即在实践中学习，向同行学习。通过各种研讨活动、学习活动进行思想交流，相互切磋，以丰富知识，增长技能。但正如现代管理学之父彼得·德鲁克（Peter F. Drucker）所说的，一个企业的成功不可能给另一个企业提供完全可行的成功经验。所以，校长要想真正掌握所学的本领，必须要实践。校长要想真正了解不同岗位教职工在平时工作中的状态，以及在工作中容易出现的问题，应该到该部门切切实实地体验一下，掌握第一手资料，为做出科学合理的决策奠定基础。同时，这种职务轮换，还可以紧密联系校长与教职工的关系，为其工作开展打下良好的群众基础。

第三，校长要善于反思。比如政策制定是否合理，利益分配是否坚持了公平、公正的原则，等等。工作上如果出现问题，要及时进行修正。对于已经出现的问题，尽量予以弥补，只有这样，才能不断完善自我。

第四，树立"人本"的管理理念。中学情况千差万别，作为校长，需要对不同的教师提出不同的要求。对于年轻教师，需要注重引导备课的规范性、课堂的程序性；对于学校中坚力量的教师，需要要求他们在教学上有所创新，形成属于自己的教学体系。中学校长需要拥有因人而异、细化区分管理教师队伍的能力，合理用人，坚持量才使用的原则来提高学校教师队伍规范化程度，做到公平、公正，切实提升中学教育教学质量，提高教师工作舒适度和学生家长满意度。

第五，坚持"科学"的治校方式。中学校长要做一个民主型的校长，要善于集思广益和吸纳集体智慧来解决学校工作中的现实问题，让所有教师都能参与到学校管理中，为学校发展建言献策，使学校各项决策更加科学民主。中学校长在具有现代科学管理理念的同时，也要具有现代人文关怀的精神。在学校管理中，既要依法治校，又要不断培养积淀自己作为校长的人格魅力，带动整个学校形成良好氛围，将各项事务管理得井井有条。

第六，落实"教学"的中心地位。一个校长在其教学领域研究中的高度和深度，往往决定着他在教师心目中的地位。校长作为"教师之师"，必须要引导教师关注学生发展，提高教学质量，把精力聚焦在课堂上。只有突出教学质量的中心地位，使教师在"教"中瞄准高效，带动学生在"学"中追求效率，做到"减负不减质"，才能让学生拥有更多的时间和空间实现全面发展。在中学有限的条件下，带领教师们突破传统单一的教学模式，提高教学质效，对中学校长来说是一个巨大的挑战。

第七，打造特色的办校模式。与城市学校相比，乡镇中学的资源相对匮乏，基础相对薄弱，学校的发展很显然不能够照抄照搬城市学校的办学模式，而是应该依据学校的特点，多措并举办教育，打造德育特色、架构教学特色、建设校本课程特色，发挥自身优势，合理布局发展之路，引领学校内涵发展，促进学校健康优质发展。

结　语

　　本研究无意用某种量表去测量我国中学校长属于什么特质、界定多少比例、属于何种类型，因为每种领导学理论的量表都有其本身的局限性，其结果也受人们在填写问卷时的多种外在和内在因素的影响，不一定能准确地反映客观事实。笔者选择几位校长进行深度访谈，采用质的研究方法，了解学校领导者如何看待中学教育发展的形势，了解教职工平时的工作和生活，了解家长与学生的所思所想，从而更好地理解中学校长工作。

　　这样的研究也不尽客观，难免有主观因素，因为领导者的陈述也仅代表个人对客观世界的认识，不能代表或完全反映事实本身。笔者希望通过中学校长对自己学校的描述，分析哪些能力是重要的，探索中学教育遇到了什么样的困难，有什么事情可能影响到校长工作的积极性，以及从实践中所体现出的校长领导力。当然，不可否认，研究者在解读校长的陈述文本时，必然会带有研究者的一些主观价值判断，尽管研究者本人会竭力保持客观的态度。

校长的成长过程也是领导力形成和发展的过程。领导力的开发是"一个自我发现和发展的过程"。有关研究者认为此过程"包括对价值观和信仰的理解，还包括对于说服他人同意这种价值观以及达到更高目标的自信"。在本研究中，笔者了解到与校长的成长经历相关的一些内容，希望通过对校长的生活状况和工作经历的解读，对校长的价值观的分析，将校长的领导力呈现在读者的面前，让读者了解到中学校长的领导力状况。其间的成功和失败也许能供其他从事或希望从事中学学校领导工作的人参考借鉴，或许能在选拔、任用、培养、培训学校的领导干部时提供一些有价值的建议，同时努力从"实然"领导力中，探索出"应然"的追求价值。